万川
reflections

一步万里阔

美国人民五百年

COLUMBUS TO THE WAR ON TERROR

HOWARD ZINN

adapted by
REBECCA STEFOFF

[美] 霍华德 · 津恩——著　　赵逸奔——译

中国工人出版社

献给年轻一代，愿你们发挥才智，让世界变得更好。

序

自拙作《美国人民史》*25 年前问世以来，家长与教师一直向我探问能否出一个对年轻人更有吸引力的版本。七故事出版社和丽贝卡·斯泰福承担起了为年轻人改编拙作的艰巨任务，对此我深感欣慰。

这些年来总有人问我："你的历史书和通常的美国史完全不同，你觉得这对年轻人来说合适吗？这难道不会让他们对祖国理想破灭吗？如此严厉批判政府政策合适吗？克里斯托弗·哥伦布、安德鲁·杰克逊、西奥多·罗斯福，把这些传统意义上的英雄拉下神坛合适吗？着重描述奴隶制和种族主义、描述对印第安人的屠杀和对劳动人民的剥削、描述美国为了大肆扩张而牺牲印第安人和他国人民，这难道不是对爱国主义的背弃吗？"

我感到奇怪，为什么这些人会认为，如此激进而富有批判性的观点让成年人听了就毫无不妥，但青少年听了就不合适？他们是不是觉得年轻人就没办法应付这些事情了？在我看来，认为年轻的读

---

* 该书曾修订多次，读者若有兴趣可阅读《美国人民史》，蒲国良等译，上海人民出版社，2013年。该译本还有一个早先的版本为《美国人民的历史》，许先春等译，上海人民出版社，2000年。两个译本依据的原文版本不同。——译者注

者不够成熟，尚不能坦率地看待我们国家的政策，这是错误的。没错，这就是一个坦率的问题。我认为，要想修正个人的失败，就必须坦率面对它们；评估我们国家的政策时也是这个道理。

在我看来，爱国主义并不意味着无条件接受政府的一切作为。无论政府做了什么都随声附和，这不是民主制度的特点。我记得在自己小时候上学那会儿，我们被教导说，人们对政府的做法毫不质疑，这是极权国家、专政独裁的一个特点。如果你生活在一个民主国家，这就意味着你有权批判政府的政策。

民主制度的基本原则在《独立宣言》里已经写得清楚明白，这份于 1776 年通过的文件解释了为何殖民地不再希望受到英国统治。《宣言》明确指出，政府并非神授，也不是无可指摘的，因为它们是人造之物，人民建立它们是为了保障每个人平等的“生命权、自由权和追求幸福的权利”。《宣言》还指出，如果政府未能尽到这项职责，那么“人民就有权改变或废除它”。

所以，如果人民有权“改变或废除”政府的话，自然就有权批判它。

向年轻人指出传统观念中的英雄身上的缺点，我并不担忧这会使他们理想破灭。教育让我们将其敬作英雄的这些人事实上并不值得这种景仰，这个真相我们应该说出来。哥伦布为寻找黄金，来到西半球犯下种种暴行，为什么我们应该觉得这是英雄所为？安德鲁·杰克逊把印第安人逐出家园，为什么我们应该觉得这是英雄所为？西奥多·罗斯福在美西战争中亲上战场，在将西班牙人赶出古巴的同时却也为美国控制古巴铺平了道路，为什么我们应该觉得他是英雄？

的确，我们都需要英雄，都需要偶像，都需要榜样，来告诉我们人类应如何度过一生。但是我更愿意将巴托洛梅·德拉斯·卡萨斯*视作英雄，因为他揭露了哥伦布在巴哈马对遇到的印第安人的残酷暴行。我更愿意将切罗基（Cherokee）印第安人视作英雄，因为他们顽强抵抗迁出土地的命令。对我而言，马克·吐温才是英雄，因为他谴责西奥多·罗斯福总统，后者对一名在菲律宾屠杀数百人的美国将军大加赞赏。我把海伦·凯勒视为英雄：她对伍德罗·威尔逊总统疾呼抗议，后者决定把年轻的美国人送上“一战”的屠宰场。

我对战争、种族主义和经济不平等的批判态度，延续到当下美国面临的境况。

距最新版《美国人民史》面世已五年有余。这本《美国人民五百年》给了我一个让内容与时俱进的机会：第二部末章把内容拓展到了2006年末，乔治·W. 布什的第二个任期此时已过半，美国入侵伊拉克也已过去三个半年头。

* 巴托洛梅·德拉斯·卡萨斯（Bartolomé de Las Casas，1474或1484—1566），16世纪西班牙多明我会教士。其著作《西印度毁灭述略》（*Brevísima relación de la destrucción de las Indias*）揭露了西班牙殖民者在美洲的暴行。——译者注

目　录

序　iii

第一部　从哥伦布到美利坚帝国

第一章　哥伦布与印第安人　3
第二章　黑人与白人　18
第三章　殖民地居民是谁?　28
第四章　暴政即暴政　38
第五章　独立战争　48
第六章　早期美国妇女　60
第七章　直至海枯石烂　71
第八章　美墨战争　81
第九章　蓄奴与解放　92
第十章　另一场内战　103
第十一章　强盗资本家与反叛分子　113
第十二章　美利坚帝国　124

第二部　从阶级斗争到反恐战争

第十三章　阶级斗争　135

第十四章　第一次世界大战　146

第十五章　艰难时世　155

第十六章　第二次世界大战与冷战　168

第十七章　黑人反抗与民权运动　180

第十八章　越　南　194

第十九章　意料之外　203

第二十章　控制之下？　216

第二十一章　权术照旧　225

第二十二章　反　抗　234

第二十三章　20 世纪末　243

第二十四章　反恐战争　252

第二十五章　伊拉克战争及国内矛盾　261

第二十六章　“睡醒的群狮”　271

第一部

从哥伦布到美利坚帝国

第一章

哥伦布与印第安人

阿拉瓦克族（Arawak）的男男女女从村子里来到海滩上。他们满怀好奇之心下了水，游近那条奇异的大船，想好好看一眼。克里斯托弗·哥伦布和他手下的士兵手持利剑上了岸，阿拉瓦克人跑过去问候他们。哥伦布后来在他的航海日志里这么描述印第安人：

> 他们……给我们取来了鹦鹉、棉花团、长矛和其他许多物件，用来交换玻璃珠子和鹰隼铃铛。什么东西他们都乐意拿出来交换……他们体格结实、体态俊美、面容俏丽……他们没有配备武器，而且对武器也一窍不通，因为我给他们亮出一把剑，结果他们无知地接住剑锋，把自己给割伤了。他们没有铁。他们的矛是茎秆做的……他们会成为称职的仆人……只需五十人我们就能降伏他们，让他们顺着我们的心意做事。

阿拉瓦克人居住在巴哈马群岛。他们和居住在美洲大陆上的印第安人一样，信守好客分享之道。但是哥伦布，这个由西欧派往美洲的首位信使，渴求的却是金钱。他刚刚抵达群岛，就径直强捉了几个阿拉瓦克人逼问情报。哥伦布想知道的是：黄金在哪？

哥伦布是说服了西班牙的国王与王后资助他探险的。和其他欧洲国家一样，西班牙同样渴求黄金。印度群岛有黄金，当时的欧洲人称其为印度和东南亚。“印度”还有其他的贵重品，比如丝绸和香料。但是，沿陆路从欧洲前往亚洲是一段遥远而艰险的路途，所以欧洲各国都在探寻前往“印度”的海路。西班牙决定在哥伦布身上赌一把。如果他能带着黄金和香料回来，那哥伦布就能独享一成收益；他会被任命为所有新发现土地的总督，还能获得“世界洋海军上将”的头衔。哥伦布率领三艘帆船出发了，他希望自己成为欧洲第一个横跨大西洋抵达亚洲的人。

哥伦布和同代其他有见地的人一样，相信世界是圆的。这就是说，他从欧洲出发、向西航行，就能到达东方。但是，哥伦布把世界想得太小了。他是不可能抵达亚洲的，那比他想象的还要远十万八千里。但是他撞了好运。在欧洲向西到亚洲路程的四分之一处，他碰到了一块未知的土地。

在离开欧洲人熟悉的水域 33 天后，哥伦布和他的手下看到了水中漂浮的树枝和空中盘旋的鸟群。这些是陆地的信号。然后，在 1492 年 10 月 12 日，一名叫罗德里戈的水手看到月光洒落在白色的沙滩上，他大喊了起来。那是加勒比海巴哈马群岛中的一个岛屿 *。

* 一般认为是圣萨尔瓦多岛，又称华特林岛。——译者注

发现陆地的第一个人将获得一大笔奖赏，但罗德里戈没有拿到。哥伦布声称自己在前一天晚上就看到了陆地上的火光。他吞了奖赏。

小水手

和很多历史学家一样，我也写哥伦布和他的手下，但是在 1492 年和哥伦布一起出航的人——在“尼尼亚”号（Niña）、“平塔”号（Pinta）和“圣玛利亚”号（Santa Maria）上的那些人——有不少都是孩子。其中一个孩子是 12 岁的迭戈·贝穆德斯（Diego Bermúdez），他跟随哥伦布出航，是“圣玛利亚”号上的一个小听差。三艘船上的 90 名水手中，差不多有 20 个是男孩!

跟着哥伦布出航的孩子干活时是赤脚的，洗澡是提水桶往头上倒海水，方便用的厕所是伸出甲板悬在海面上的；即便是最小的男孩，吃饭也就着白葡萄酒。

年纪大点的男孩叫“仆从”（criado），要么给船上的高级船员搭把手，要么开始见习做水手学徒，沿绳索爬到高处调帆。这些水手学徒很快就成了打结的能手。他们腰带上挂着老长的绳子，随身带着刀子，方便干活。像迭戈这样年纪小点的男孩就是听差，负责烧饭做菜、清洗甲板，不过最重要的活计要算报时了。船上没有时钟，所以他们用沙漏计时，这种玻璃做的沙漏里装着半小时漏完的沙子。沙子一漏完，听差就倒转沙漏、跑到船尾楼甲板、敲响那儿的铃、朗诵一段祈祷文，让大家知道半小时过去了。听差得把 16 段祈祷文牢记在心，每段祈祷文对应工作时间里的半小时。下面是其中一段：

上帝降生的时辰当受保佑，
圣母马利亚赐他新生，
圣约翰见证他的光荣。
守卫部署完毕，
瞭头保持警惕，
上帝要是愿意，
我们航行顺利。

来源：菲利普·胡斯，《我们也在那！美国历史上的年轻人》（*We Were Here, Too! Young People in US. History*），纽约：法拉·施特劳斯与吉鲁科斯出版社，2001 年。

阿拉瓦克人的不可能任务

欢迎哥伦布的阿拉瓦克印第安人居住在村庄里，从事农业。他们和欧洲人不同，既没有马匹，也没有其他役畜，更没有铁器；他们倒是有别在耳朵上的黄金小饰品。

这些小小的饰品影响了历史的走向。因为它们，哥伦布和印第安人的关系得以开启：他俘虏了一些人，心想他们能带他去往开采黄金的源头。他驱船前往加勒比群岛中的其他几个岛，包括伊斯帕尼奥拉岛，如今这个岛屿分成了两个国家：海地共和国和多米尼加共和国。哥伦布的一艘船搁浅后，他用残骸的木头在如今的海地境内搭建了一座要塞。然后，他带着自己的发现返回西班牙，并在要塞留下了 39 名船员。他们收到的命令是找到黄金并存放起来。

哥伦布对西班牙宫廷的回禀真假参半。他自称抵达了亚洲，又把阿拉瓦克人称作“印第安人”，即居住在“印度”的人。他说，自己去过的那些岛屿一定就在中国的近岸，那里资源丰饶：

> 伊斯帕尼奥拉岛实为奇境。高山起伏、丘陵连绵、平原辽阔、牧场茂盛、土地肥沃、景色秀美……港口优良，令人难以置信，河流宽阔，多数裹有金沙……香料种类繁多，大型金矿和其他金属矿一应俱全……

哥伦布表示，如果国王和王后能再助他一臂之力，那么他将再次出航。这一回，他将给西班牙带回“要多少就有多少的黄金……和要多少就有多少的奴隶”。

哥伦布的诺言为自己的第二次探险赢得 17 艘船和 1200 多名手下。目标自不必多说：奴隶与黄金。他们在加勒比海上的岛屿间来来去去，俘虏了一些印第安人。但是，随着消息在印第安人中间传开，西班牙人发现空无一人的村子越来越多。他们抵达海地的时候，发现之前留守要塞的船员都死了。原来，这些船员成群结队地在岛上转悠，一边搜寻黄金，一边抓来妇孺充当奴隶，最后让印第安人在一场战斗中杀死了。

哥伦布的手下在海地搜寻黄金，但一无所获。可他们总得把返回西班牙的船装满，所以在 1495 年，他们发动了一起大规模的掠夺奴隶行动。之后，他们挑出 500 名俘虏运回西班牙。200 名印第安人死于航行途中。剩下的印第安人活着抵达西班牙并被拍卖，组织者是当地的一名神职人员。满口天神上帝的哥伦布后来写道：“以神圣的圣父、圣子、圣灵之名，让我们继续运送所有可供售卖的奴隶吧。”

但是，在监禁期内死去的印第安人太多了。哥伦布急需证明自己的航行有所收益。他必须履行自己的承诺，给船上装满黄金。哥伦布和他的手下猜测海地的一处地方有很多黄金，于是命令所有 13 岁以上的印第安人去为他们收集。未能把黄金上交给西班牙人的印第安人，手被砍断，流血至死。

派给印第安人的是一个不可能的任务，因为附近的黄金只有溪流中的金粉。于是他们逃跑。西班牙人用猎犬追捕他们并杀死他们。他们要是俘虏了印第安人，就把他们吊死或者活活烧死。阿拉瓦克人斗不过西班牙士兵的火枪、长剑、盔甲和马匹，集体喝下毒药自杀。西班牙人开始搜寻黄金的时候，海地那片土地上的印第安人有 25 万；经过两年的屠杀和自杀，这些印第安人死了一半。

西班牙人最终明白没有黄金可找，就奴役印第安人在他们的大型庄园里干苦工。印第安人备受虐待、劳累过度，死亡人数数以千计。到 1550 年，当地印第安人只剩下 500 人。一个世纪之后，岛上再没有阿拉瓦克人了。

巴托洛梅·德拉斯·卡萨斯，1791 年

讲述哥伦布的故事

我们能够知道加勒比群岛在哥伦布抵达之后发生了什么，这多亏了巴托洛梅·德拉斯·卡萨斯。他是一名教士，曾帮助西班牙征服古巴。他一度拥有一座种植园，印第安人奴隶在其中劳作。但是后来，卡萨斯放弃了自己的种植园，直言不讳地批评了西班牙人的残忍。

卡萨斯做了一份哥伦布日记的抄本，另外著有《印第安人史》（*History of the Indies*）。在那本书中，他描述了印第安人的社会和风俗。同时他也讲述了西班牙人如何对待印第安人：

> 新生儿则早早夭折，因其母亲劳累过度、饥肠辘辘、奶水不足；正因如此，我在古巴之时，三个月之内竟死了7000名孩童。一些母亲走投无路，甚至将自己的孩子溺死……如此，丈夫死于矿井，妻子死于劳作，婴儿死于母乳匮乏……这般惨绝人寰皆为我亲眼所见，在书写的当下我仍战栗不已……

这就是欧洲人在美洲的历史的发端。这段历史关乎征服，关乎奴隶制，关乎死亡。但长久以来，给美国孩子的历史书上讲述的不是一段屠戮的历史，而是一个英雄冒险故事。这段历史面向年轻人的教授方式近来才开始改变。

哥伦布和印第安人的故事多少向我们展示了历史是如何书写的。塞缪尔·埃利奥特·莫里森（Samuel Eliot Morison）是研究哥伦布最出名的历史学家之一。他甚至曾沿着哥伦布的路线亲自横渡大西洋。1954 年，莫里森出版了一本广受欢迎的著作，名为《航海者克里斯托弗·哥伦布》（*Christopher Columbus, Mariner*）*。他写道，哥伦布及后来欧洲人的残忍行径导致了印第安人的“全面种族灭绝”。种族灭绝这一措辞相当严厉。它是一项重大罪行：蓄意屠杀整个民族或文化群体。

莫里森没有对哥伦布的行为撒谎。他没有对大规模谋杀避而不谈。但他草草提及这个事实，然后就开始谈其他事情。他把种族灭绝这一事实淹没在繁杂的信息之中，似乎是说在全局之下，这算不上举足轻重。他让种族灭绝显得像是历史的细枝末节，也就抹去了它那足以使我们对哥伦布另眼相看的力量。在书的结尾，莫里森总结了他对哥伦布的看法：他是一名伟人。莫里森写道，哥伦布的首要特质在于他的航海术。

史学工作者必须在各种事实中有所取舍，决定把哪些收入自己的研究，对哪些又弃而不顾，还有将哪些作为叙述重点。每个史学工作者自身的想法与信念都将影响其书写历史的方式。书写历史的方式转而又将影响读者的想法与信念。像莫里森抱有的那种历史观，把哥伦布和与他类似的人看成伟大的航海家和发现者，对他们造成的种族灭绝却只提及一言半语，这会让他们的所作所为看起来无可指摘。

写史、读史之人已经习惯于将诸如征服与谋杀这些可怕的事情看作进步的代价。这是因为他们许多人都认为，历史就是政府、征服者和领导者的故事。这种看待过去的方式让历史成为国家和民族

---

* 引进版本即《哥伦布传》，陈太先等译，商务印书馆，1998年。——译者注

经历的事。历史的参与者无非是国王、总统和将领。但是其他人呢？工人、农民、有色人种、妇女和儿童呢？历史同样由他们创造。

所有国家的历史都包含激烈冲突：征服者与被征服者之间的，主人与奴隶之间的，当权者与无权者之间的。书写历史向来关乎选取立场。举个例子，我选择从阿拉瓦克人的角度叙述对美洲的发现。我将从奴隶的角度叙述美国宪法的来历，还会从纽约爱尔兰裔的角度叙述内战的历史。

我相信，历史有助于我们对未来的全新可能性发挥想象。历史做到这一点的其中一个方法就是，让我们看到过去那不为人知的部分，让我们看到人民证明自己能够团结一心、抵抗强权的那些时刻。也许，我们的未来不是在过去千百年的战争中发现，而是在过去那些仁慈与勇气闪现的瞬间中寻得。这就是我研究美国历史的方法，而这始于哥伦布与阿拉瓦克人的相遇。

更多的会面与更多的冲突

哥伦布与阿拉瓦克人的悲剧上演了一次又一次。西班牙征服者埃尔南·科尔特斯（Hernan Cortés）和弗朗西斯科·皮萨罗（Francisco Pizarro）摧毁了墨西哥阿兹特克帝国和南美印加帝国。而英格兰移民在抵达弗吉尼亚和马萨诸塞之后，对他们所遇见的印第安人也做出了同样的事情。

弗吉尼亚的詹姆斯敦是英格兰在美洲的首个永久定居点。它处于印第安人酋长波瓦坦（Powhatan）的管辖领地。波瓦坦看着英格兰移民在他的领土上定居下来，没有发动攻击。1607 年，波瓦坦向詹姆斯敦的领袖之一约翰·史密斯发出了宣告。流传到我们现在的这份声明也许不完全是波瓦坦的话，但它和后来的印第安人口述或记录的内容大抵相同。我们可以把波瓦坦的声明看作他在看到白人进入自己领地时的态度：

> 我比自己国家的其他任何人都更明白和平与战争的区别。靠友善的方式就可以和平获得的东西，你们为什么要强取豪夺？让你们吃饱喝足的人，你们为什么要杀死他们？你们通过战争能获得什么？你们又为什么要嫉妒我们？我们手无寸铁，如果你们以礼相待，我们自然乐意满足你们的需求。一边是吃好肉、睡好觉，和妻子儿女一同平静生活，与英格兰人一道开怀大笑，交换他们的铜币和短斧；另一边是躲开他们，终日在林子里瑟瑟发抖，靠橡子、树根这些不像样的东西过活，既心神不宁又寝食难安。前者要比后者好得多，我们也没有蠢到连这个道理都不明白。

1609 年和 1610 年冬天，詹姆斯敦的英格兰人经历了一场严重的食物短缺，他们叫“饥荒期”。他们在林子里游荡，搜寻坚果和浆果以果腹，甚至掘坟食尸。500 名殖民者里，存活的仅 60 人。

一些殖民者逃到印第安人那里，在那边至少能吃上东西。第二年夏天，殖民地的统治者要求波瓦坦把他们送回来。波瓦坦拒绝了要求，殖民者就摧毁了印第安人一处定居点；他们绑架了部落酋长夫人，把她的孩子丢进水里开枪打死，然后把她也刺死了。

12年后，印第安人试图铲平日益壮大的英格兰人定居点，他们屠杀了347名男人、女人和孩童。自此，战争全面拉开。英格兰人无法奴役印第安人，又不会和他们生活在一起，于是决定彻底消灭他们。

在北边，清教徒最初的移民在新英格兰定居下来。他们和詹姆斯敦的殖民者一样，踏入的是印第安人的土地。佩科特人（Pequot）当时居住在康涅狄格南部和罗德岛。殖民者觊觎这块土地，于是与佩科特人的战争便打响了。两边都发生了大屠杀。英格兰人采用了科尔特斯在墨西哥的战术。他们针对毫无战意的平民发起攻击，以此威慑敌人。他们放火点着印第安人的棚屋，等到印第安人逃出来，就用利剑把他们剁成肉酱。

哥伦布初抵美洲大陆时，在如今的墨西哥北部地区居住着1000万印第安人。随着欧洲人不断夺取那块土地，印第安人越来越少，最后只剩下不到100万人。死于欧洲人携带而来的疾病的印第安人不计其数。

这些印第安人到底是谁？这些带着礼物来到沙滩上迎接哥伦布和他的船员的人，这些躲在密林中仔细瞧着弗吉尼亚和马萨诸塞首批白人拓荒者的人，他们究竟是什么身份？

在哥伦布抵达之前，美洲大陆上生活着的印第安人就多达7500万，他们的部落文化多达上百种，所说的语言约莫2000种。许多部落的印第安人都是游牧民，靠打猎和采集食物为生。其他部落的印第安人善于农耕，在固定的社区中生活。易洛魁是东北部落里最强大的一个，在他们中间，土地并不属于个人，而是属于整个社区。部落居民共事农耕与打猎、共享食物。

妇女在易洛魁社会中地位重要、受到尊敬，与男性共享权力。

佩科特战争，1637 年

孩子受到教导，要自食其力。其他的印第安人行事也与易洛魁印第安人类似。

因此，哥伦布和步其后尘的欧洲人所到的并非空无一人的荒野。他们来到的这个世界，有些地方和欧洲一样拥挤不堪。印第安人有他们自己的历史、法律和诗歌。他们的生活比起欧洲人更为平等。难道“进步”这个理由足以为屠杀印第安人、为拔除他们的社会开脱吗？印第安人的命运提醒我们，历史不应单纯被看作征服者和领袖的历史。

“印第安白人”

有些英国殖民者在战斗中被土著印第安人俘虏后，发现比起原来的生活，自己更喜欢住在印第安人社区。这些人被称为“印第安白人”。尤妮斯·威廉姆斯（Eunice Williams）就是其中一位。她被卡纳威克的莫霍克人（Mohawks）俘虏时年仅七岁。她的母亲和两个兄弟被杀死，另外两个兄弟则同样被俘虏。两年半后，她的父亲约翰·威廉姆斯牧师（Reverend John Williams）向印第安人提出赎回尤妮斯与她的兄弟，但尤妮斯拒绝离开土著印第安人的社区。她以莫霍克人的身份改信天主教，与另一名莫霍克人结为伉俪。

据传，莫霍克人对儿童更加慈爱，女性则与男性地位相当。欧洲的父母认为体罚很重要，而土著印第安人则认为应该“用慈爱的话语批评”孩子，身体上的责罚只会让他们的品格受到削弱，变得唯命是从。在土著印第安人的文化中，教育的目的是让孩子获得独立与勇气。

本杰明·富兰克林在 1753 年写道*：“白人小孩倘为印第安人所俘，又在他们中间住上一段时日，那么无论男女，在亲友将他们赎回之后，即便待以百般温柔、力劝他们在英人之中居留，他们也会很快嫌恶我们的生活方式，以及这种生活所要求的审慎克制，于是一有逃回密林的良机就绝不放过，一去不回。”

来源：史蒂文·明茨，《赫克的木筏：美国人童年史》（*Huck's Raft: A History of American Childhood*），波士顿：哈佛大学出版社，2004 年，第 7、8、15、35 页。

---

* 选自富兰克林1753年5月9日给彼得·柯林森（Peter Collinson）的回信。——译者注

第二章

黑人与白人

在世界各国历史上，没有哪个国家像美国那样，种族主义在其中占据如此举足轻重的地位。美国的种族主义是如何开始的？又将如何终结？换种问法：种族主义是天然的吗？

也许历史能帮助回答这些问题。这样的话，那么北美的蓄奴史可能就包含了一些线索，因为我们可以考察最早来到这片大陆的白人和黑人。

在当时的北美洲，奴隶被广泛用来替代有偿劳工。同时，白人也开始认为黑人不配与他们相提并论。在接下来的整整 350 年间，黑人将在美国社会中遭受非人的待遇，而这都是由于种族主义，它结合了对黑人的鄙视与对黑人的不平等待遇。

为何蓄奴？

最早的白人拓荒者的所有遭遇将他们推向了对黑人的奴役。在弗吉尼亚，熬过了 1609 至 1610 年间“饥荒期”的拓荒者迎来了新人。他们迫切需要劳工生产足以维生的食物。但是他们想要种植的作物不仅仅是玉米。从印第安人那里，弗吉尼亚的拓荒者学会了种植烟草；1617 年，他们将首批货品送往英格兰。烟草带来了丰厚的回报。虽然当时有些人认为吸烟有罪，但是种植园主可不会让这种念头妨碍他们赚钱。他们打算为英格兰供应烟草。

那么，种植烟草并对其加工以备销售，这样的重活要让谁来做呢？拓荒者没法让印第安人来为他们干活。印第安人人数比他们多。而且虽然拓荒者的火枪能杀死印第安人，但是其他的印第安人将血债血偿。定居者也无法把印第安人抓过来奴役他们。印第安人身强力壮、桀骜不驯。况且北美大陆的密林虽然对拓荒者来说陌生而敌对，但印第安人在其中却无所拘束。他们可以躲开拓荒者，或者从他们那里逃跑。

也许弗吉尼亚人因为无法控制印第安人而怒上心头。也许他们是嫉妒印第安人比白人能更好地照顾自己，纵使白人自比文明人，而印第安人不过是蛮族。在他的《美国的奴役与自由》* 中，历史学家埃德蒙·摩根想象殖民地居民怎样看待自己既过得不如印第安人，又控制不了他们：

* 全名《美国的奴役与自由：弗吉尼亚殖民地的残酷考验》（*American Slavery, American Freedom: The Ordeal of Colonial Virginia*），初版于1975年。——译者注

与你们井水不犯河水的印第安人讥笑你们的优越方法，付出更少的辛劳就能比你们从土地上获得更多的收成……而当你们的人开了小差，跑去和他们生活，这就太过分了……于是你们屠杀他们、拷打他们、烧毁村庄、焚毁玉米地……但你们还是种不出多少玉米。*

也许是这熊熊妒火让拓荒者迫不及待要成为奴隶主。引进黑奴作为劳动力对弗吉尼亚人来说利润可观。反正美洲其他殖民地已经干上这种勾当了。

到 1619 年，已有 100 万黑人被强行带离非洲，沦为奴隶，他们来到葡萄牙和西班牙在南美洲和加勒比群岛的殖民地，在矿井和甘蔗种植园里做苦工。奴隶贸易的肇始要算到 10 名非洲人被带到葡萄牙卖掉的时候，而这比哥伦布出航早了 50 年†。因此 1619 年，当最初的 20 名黑人被强行带到詹姆斯敦卖给了拓荒者时，白人早就已经把非洲人看成奴隶劳动力。

非洲人被从自己的土地上、从自己的文化中剥离出去，这让奴役他们变得更为容易。印第安人身处他们自己的土地上。白人来到的虽然是一片新大陆，但他们带来了英格兰文化。然而，黑人被从自己的土地上和文化中剥离了出去。他们被迫陷入的是这样一种境地：语言、服饰、风俗、家庭生活，所有这些传统都被一点点铲除至尽。只有借助令人惊异的意志力，黑人才能坚守自己传统的一鳞半爪。

是因为非洲文化不如欧洲文化，所以它才会轻易遭到毁灭吗？非

---

* 节选自第四章“詹姆斯敦的彻底失败”。——译者注

† 指葡萄牙人安唐·贡萨尔维斯（Antão Gonçalves）于1441年所行之事。——译者注

洲文明其实在某些方面比欧洲文明更先进。这个文明拥有一亿人口。非洲人建造了大型城市，使用铁器，擅长农耕、纺织、制陶和雕塑。在16世纪抵达非洲的欧洲人，无不惊叹于廷巴克图和马里王国。这些非洲国家稳定有序，而同时期的欧洲才刚刚要发展出现代国家。

非洲存在奴隶制度，这一点有时候会被欧洲人拿来为自己的奴隶贸易开脱。但是，非洲的奴隶生活虽然艰辛，但拥有的权利是那些被带到美洲的奴隶所没有的。美洲的奴隶制是历史上最严酷的奴隶制，原因有二：一、美洲奴隶制的驱动力是对无限利益的狂热追求；二、它建立在种族仇恨之上，这种态度认定白人为主、黑人为奴。因此在美洲的奴隶制度下，奴隶受到的待遇是非人的。

这种非人待遇的起点在非洲：受俘的奴隶被锁链拴在一起，被迫步行前往海岸，路途有时候长达1600公里。每五名被俘的黑人中就有两名死于这种死亡式行进。幸存者刚抵达海岸，就被关进笼子里，直到有人买下。

接着，他们被推搡着塞上奴隶船，互相拴着被丢进不过棺材大小的漆黑空间里。有些奴隶在拥挤脏乱的货舱中缺氧而死。另外有些奴隶跳船了结自己的痛苦。被运往海外的非洲人中，死于旅途的多达1/3。但是奴隶贸易利润可观，所以奴隶商人就把黑人硬塞到奴隶船的货舱里，就像塞的是鱼一样。

最初，荷兰人是最主要的奴隶商人，后来，英格兰人引领了这种贸易，新英格兰的一些美国人很快也加入其中。1637年，美国第一艘奴隶船*从马萨诸塞出发。它的货舱内部被分为一个个长约180

---

* “渴望”号（Desire）。——译者注

奴隶拍卖，19 世纪 70 年代

厘米、宽约 60 厘米的位子，附有囚禁俘虏的脚镣。

到 1800 年，共有 1000 万 ~ 1500 万非洲黑人被带到美洲大陆。在我们称之为现代文明发端的那几个世纪，死亡和奴隶制总计让非洲损失了多达 5000 万人口。

美国殖民地上奴隶制的兴起源自詹姆斯敦的拓荒者对劳动力的迫切需求。他们用不了印第安人，用白人也会很困难。但是利欲熏心的奴隶贩子使能派上用场的黑人越来越多。非洲人受俘后遭到的恶劣待遇又让他们孤立无援。所有这些因素导致了对黑人的奴役。

惧怕与种族主义

所有的黑人都是奴隶吗？也许拓荒者认为有些黑人只是仆人，不是奴隶。拓荒者也有白人仆人。他们对待白人仆人会和黑人仆人有所不同吗？

弗吉尼亚殖民地的一个案件显示，白人和黑人受到的待遇大有不同。1640 年，六名白人仆人和一名黑人蓄谋逃跑，但被捉住。据庭审记录显示，那个名叫伊曼纽尔（Emanuel）的黑人遭到 30 记鞭笞。他一侧脸颊被打上烙印，并被判处戴镣铐服劳役一年以上。白人受到的刑罚较轻。

这种不平等的对待就是种族主义，它在想法和行动上均有所表现。白人自以为比黑人高一等，对黑人报以鄙夷。他们对待黑人也比对待白人要严苛、残酷得多。这种族主义是天然的吗？白人是因为他们某种天生的本能才厌恶并虐待黑人吗？还是说，种族主义是特定条件下的产物，而这些条件可以铲除？

回答这些问题的一个方法，就是弄清美洲殖民地上是否有白人对黑人一视同仁。证据显示，这样的白人确实有。当白人和黑人发现彼此面临同样的问题，做着同样的活计，并视同一个主人为敌，那么他们就会以平等的身份对待彼此。

要解释为什么奴隶制在美洲殖民地的种植园中得以确立，我们并不需要谈论“天然”的种族反感。对劳动力的需求就已经是一个充分的理由了。来到殖民地的白人数量远远无法满足种植园的需求，所以拓荒者为了达到需求转而使用奴隶，而且这种需求还在不断增长。1700 年，弗吉尼亚州的奴隶为 6000 人，占殖民地人口的 1/12。到 1763 年，这个数字是 17 万，约为总人口的一半。

黑人无论男女，一开始就在抵抗对他们的奴役。他们在抵抗中彰显了自己作为人类的尊严，即便只是向他们自己及兄弟姐妹。他们采取的抵抗手段往往难以被发现和处罚，比如磨洋工或者悄悄毁掉白人财产；另一种抵抗手段是逃跑。刚从非洲而来的奴隶仍然保有村庄生活的传统，他们结伴逃跑，尝试在荒野中建立社区。在美国出生的奴隶则很可能独自逃走，力求做一个自由人。

逃奴要承担折磨和死亡的风险。即便他们只是算计着逃跑，那么一旦被发现，也有可能会遭到可怕的惩罚。奴隶会遭受火刑、被砍手断足，甚至被杀死。白人认为严刑会打消其他奴隶反抗的念头。

白人拓荒者害怕黑人有组织的起义。这种对奴隶叛乱的惧怕似乎是种植园生活中的一大现实。弗吉尼亚一个叫威廉·布赖德（William Byrd）的种植园主在 1736 年写道，要是有一个大胆的奴隶领袖奋起反抗，那么“作为一个亡命之徒”，他可能会发起一场“将我们宽阔的大河染满鲜血”的战争。

这样的叛乱确有发生，虽然次数不多，但足以让种植园主整日提心吊胆。1720 年，南卡罗来纳州一个拓荒者向伦敦写信说明一起被及时发现的奴隶叛乱计划：

> 我现在告诉你，我们这有一起动机险恶、骇人听闻的……黑人密谋叛乱，他们意欲消灭这个国家的所有白人，并占领查尔斯镇……但是上帝保佑，计划败露了，不少黑人被关进了监狱，有的被烧死了，有的被吊死了，还有的被流放了。

就我们所知，至少有 10 名奴隶参与的暴动或密谋的暴动约有 250 起，但并非所有的暴动都只有奴隶参与，时不时地也会有白人加入奴隶的反抗行动。早在 1663 年，弗吉尼亚就有白人仆人和黑人奴隶合伙密谋，计划发起暴动获得自由。但计划败露了，密谋者也遭到了处决。

1741 年，纽约市有 1 万名白人、2000 名黑人奴隶。在经历了一个让穷苦白人和穷苦黑人同样苦不堪言的凛冽严冬之后，发生了多起神秘的火灾。白人和黑人受到了合伙密谋的指控。审判现场，群众情绪激昂、言论耸人听闻。有些人迫于压力认罪。最终，两名白人男子和两名白人女性遭到处决，18 名奴隶被吊死，13 名奴隶被活活烧死。

在美洲殖民地，只有一种惧怕比对黑人暴动的惧怕更甚，那就是惧怕对现状不满的白人可能联合黑人颠覆社会秩序。尤其在蓄奴的早期，那时种族主义尚不稳固，一些白人仆人受到的待遇和奴隶相差无几。这两个群体联合起来不是没有可能。

为了避免这种情况发生，殖民地领导者采取了措施。他们给穷苦白人一些权利和好处。比如说，弗吉尼亚殖民地在1705年通过了一项法案，规定主人必须在白人仆人契约期满时，给他们一些钱和玉米。新近获得自由的仆人还能获得一些土地。这减轻了白人仆人阶层对自己社会地位的不满——也就减小了他们联同黑奴反抗白人主人的可能性。

一张由历史的丝线织成的网将黑人困在了美国的奴隶制当中。这些丝线是饥饿拓荒者的绝望，是被从祖国剥离的黑人的无助，是奴隶商人和烟草种植商可获得的丰厚利润，是允许主人惩罚反抗的奴隶的法律和传统。最后，为了避免白人和黑人以平等身份联合到一起，殖民地领导者对穷苦白人施以社会地位上的蝇头小利。

这张网的这些丝线并不“天然”。它们是历史性的，由特定的环境所致。这并不就是说它们容易解开。但这的确意味着一种可能性的存在．即白人和黑人在不同的历史环境之下能够以不同的方式共处。

第三章

殖民地居民是谁？

美国独立战争爆发 100 年前，弗吉尼亚殖民地爆发了一场起义。在殖民地首府詹姆斯敦，愤怒的居民焚起了大火。总督逃离了大火中的城镇，英格兰从大西洋彼岸派来了 1000 名士兵，希望避免殖民地的四万名居民失控。

这就是培根起义。它不是一场美国殖民地居民对抗英国人的战争。它是一场由愤怒的殖民地穷苦居民发动的起义，对抗他们视之为敌的两大群体：一是印第安人；二是有钱有势的殖民地领导者。

培根起义联合了下层阶级中的多个群体。白人边疆居民发动起义是因为他们对殖民地的运转感到不满。白人仆人和黑奴也加入起义，他们也愤愤不平，主要是因为弗吉尼亚殖民地贫富差距巨大。

纳撒尼尔·培根和起义

培根起义始于弗吉尼亚殖民地的西侧边疆。到17世纪70年代，富有的地主掌控了弗吉尼亚东部的大部分地区。因此，不少普通百姓被迫往边疆流动。那里的生活更加危险。拓荒者和土著印第安人之间摩擦不断。他们希望殖民地的领导者同印第安人作战，但是掌管殖民地的政客和大地主并无行动，可能因为某些印第安人充当他们的间谍或盟友，用以对付其他印第安人。

拓荒者感到殖民地政府让他们大失所望。他们义愤填膺，但不满的不只是他们。时世艰辛，许多弗吉尼亚人不是在贫困中勉强糊口，就是受雇为仆，在恶劣的条件下工作。1676年，这些失望的弗吉尼亚人发现了具备领袖品质的纳撒尼尔·培根。

英国政府一份报告如此说明培根对其追随者的号召力：

> 他诱使粗鄙无知之辈相信……自己的全部身心和希望都寄托于培根。接着他谴责总督玩忽职守、品行恶劣、阴险奸诈、昏庸无能，律法和税收不公不义、严苛暴虐……

培根拥有的土地算不上小，也许他更在意的是对抗印第安人而不是帮助穷人。不过，普通百姓认为培根和他们是并肩而战的。他们将培根选入殖民地政府的市民会议。培根准备派遣武装民兵或者武装市民部队前往对抗印第安人。这些民兵的行动将不受政府控制。这令殖民地总督威廉·伯克利（William Berkeley）大惊失色。他宣布培根为叛乱分子，将其逮捕。

培根的 2000 名拥护者因此涌入詹姆斯敦，而总督释放了他，条件是培根道歉。但是培根一获得自由身，就召集了民兵对印第安人发动突袭。起义开始了。

培根在一份名为《人民宣言》的文件中说明了起义的缘由。这份文件糅杂了边疆居民对印第安人的仇恨以及平民百姓对富人的怒火。培根谴责伯克利政府犯下诸多恶行，包括苛捐杂税以及对西部农夫保护不力，使其遭受印第安人袭击。

数月之后，培根染疾而终，时年 29 岁，起义在此后难以为继。为恢复秩序，一艘配备 30 条火枪的军舰在殖民地的主要航道之一的约克河上巡航。船长托马斯·格兰瑟姆（Thomas Grantham）强攻智取，解除了残余叛军的武装。在叛军大本营，格兰瑟姆发现了 400 名白人和黑人武装分子，他们中有自由人，有佣工，还有奴隶。他起初承诺赦免他们，佣工和奴隶则恢复自由身。但随后，他命令船上的火枪瞄准叛军，并收缴了他们的武器。之后，他把仆人和奴隶送回给各自的主人。最终，23 名叛军领袖被处以绞刑。

培根起义的爆发是由弗吉尼亚殖民地的层层压迫所致。印第安人的土地被白人拓荒者夺走。拓荒者遭到詹姆斯敦上层富人阶级征税与统治。而包括所有富人和穷人在内，整个殖民地又受到英格兰的利用：殖民地定居者种植烟草销往英格兰，但定价的是英格兰人；每年，英格兰国王都能从弗吉尼亚殖民地获得大笔利润。

弗吉尼亚大多数人支持此次起义。伯克利总督的一名顾问表示，叛军想要从国王手中夺得殖民地占为己有；另一名议会成员则说，印第安人问题是培根起义最初的诱因，而穷人加入其中是因为他们想夺取并瓜分富人的财产。这些叛乱分子到底是谁？

社会底层

参与培根起义的佣工属于由困苦白人组成的一大贫困阶层。他们从英格兰和欧洲城市出发来到北美殖民地，因为祖国的政府想要摆脱他们。比如在英格兰，土地法改革让许多流动到城市的农民陷入贫困、无家可归。新近通过的法律惩治穷人，把他们囚禁在济贫院里，或者将他们驱逐出境。于是有些穷人被迫离开故乡，前往美洲。其他人被吸引到美洲是因为希望——或者说是因为那些他们即将过上美满生活的承诺与谎言。

很多前往美洲的穷人都成了契约佣工。他们签订一份契约，契约规定他们要为主人工作五年或七年，以偿还他们前往美洲的旅费。签过契约后，他们往往遭到囚禁，以免他们在移民船起航前逃跑。

从英格兰或欧洲其他地方出发前往美洲的这段航行需要 8 ~ 12 周。如果天气不好，旅途可能会耗掉更长时间，乘客可能耗尽粮食。横跨大洋、前往美洲殖民地当佣工的穷人被塞进拥挤肮脏的客舱。不是所有人都能挺过这段路途的。戈特利布·米特尔贝格（Gottlieb Mittelberger），一位在 1750 年左右从德国坐船前往美洲的音乐家，对这段可怕的旅途做出如下描绘：

> 旅途期间，船上尽是苦痛的印记，令人同情——臭味、烟雾、可怖之物、呕吐、晕船的各种症状、发烧、痢疾、头痛、发热、便秘、疖子、坏血病、毒瘤、烂嘴……还有口粮不足、饥荒、口渴、严霜、酷热、潮湿、恐惧、苦痛、怒气、悲恸和其他各种各样的麻烦事……有一天，我们的船遇上了一场大风

暴，有个待产的女人这种情况下无法分娩，最后被从舷窗推到了海里……

契约佣工到了美洲之后，就被卖出买进，和奴隶没什么区别。1771 年 3 月 28 日的《弗吉尼亚公报》（*Virginia Gazette*）刊载："刚刚抵达……的是'正义'号，载有 100 名健康的奴隶、男人、女人和男孩……拍卖会将于 4 月 2 日星期二开始。"

来到北美的殖民者，半数以上都是佣工，17 世纪时大多数是英格兰人，18 世纪时大多数是爱尔兰人和德国人。他们大多数人最后发现，美洲殖民地的生活比他们想象的要糟得多。

殴打和鞭笞相当常见，不少女佣工遭到强暴，主人还有其他的控制手段。生人必须出示证件表明自己是自由人，而不是逃跑的佣工。各个殖民地政府一致同意，从一个殖民地逃到另一个殖民地的佣工必须被送回。（这条规定后来载入了美国宪法。）

雇主生活在对佣工暴动的恐惧之中。培根起义之后，英格兰士兵驻扎在弗吉尼亚以应对可能的麻烦事。一份当时的报告写道："眼下的弗吉尼亚不仅贫穷，而且人满为患。"报告还补充说，很多人都害怕佣工造反，他们需要包括衣物在内的各种基本必需品。

逃跑比叛乱更简单。著有《早期美国政府与劳工》（*Government and Labor in Early America*）的历史学家理查德·莫里斯（Richard Morris）经过对殖民地时期美国报纸的研究，发现有许多关于白人佣工逃跑、有时候成群逃跑的报道。其他的佣工则进行罢工，拒绝干活。1663 年，马里兰一个雇主向法庭抱怨，自己的佣工连"平常的工作"也不做。佣工表示，他们身体太虚弱了，没法干活，雇主只给他们豆子和面包吃。法庭对佣工判以 30 记鞭刑。

随着佣工逃跑或者契约期满，奴隶日益取代他们。那么获得自由的佣工怎么样了呢？有不少振奋人心的故事都讲述原来的佣工发家致富、坐拥良田、跻身要人之列。但历史学家阿博特·史密斯（Abbot Smith）在他的《被奴役的殖民地居民》（*Colonists in Bondage*）中写道，殖民地里富有的重要人士几乎没有当过契约佣工的，他们中间也没多少人是契约佣工的后代。

富人与穷人

殖民地时期，阶级界限逐渐固化，富人与穷人之间的鸿沟日益凸显。1630 年，马萨诸塞湾殖民地刚刚建成时，总督约翰·温斯罗普（John Winthrop）就表明了殖民地领导者的看法，他说："无论什么时代，总是有些人富、有些人穷。"殖民地的领导者都是权钱两握的男性，他们想让北美的社会效仿英格兰，仅一小撮人掌握最好的田地和绝大多数财富。

18 世纪，殖民地扩张迅速。1700—1760 年期间，人口从 25 万增长到 150 万以上。农业、船运、贸易欣欣向荣。小型工厂蒸蒸日上。波士顿、纽约、费城和查尔斯顿*面积扩张了两倍、三倍。

如此迅猛的发展令上层阶级取得了其中的大部分利益，又握有绝大部分政治权力。举个例子，在 1770 年的波士顿，前 1% 的地主

* 指西弗吉尼亚州首府。——译者注

纳撒尼尔·培根和他的追随者火烧弗吉尼亚詹姆斯敦，1676 年

拥有 44% 的财富。

殖民地的富商盖起大宅邸。上流人士请人画肖像，外出游玩坐的不是马车就是轿子，轿子由仆人或奴隶抬着。与此同时，穷人拼尽全力只为生存，只为不至于冻死在严寒中，而且穷人的人数不断增长。到了 18 世纪 30 年代，人们要求建造收容所，收留“许多终日游荡街头的乞丐模样的人”。

各大城市兴建济贫院，收容老人、寡妇、跛子、孤儿，还有失业的人和新移民。济贫院很快人满为患。1748 年，费城一市民写道，“今年冬天增加的乞丐快顶上整个镇的人口了，这真是了不得”。九年后，波士顿官员谈到了城内难以养家糊口的“大批穷人”。

从殖民地的传统历史看，殖民地居民齐心协力，共同对抗英格兰这一外部敌人。但是，殖民地内部其实矛盾重重。奴隶与自由人、佣工与主人、佃户与地主、穷人与富人，在这些紧张对立的群体间，动乱不断。

1713 年，波士顿经历了严重的食物短缺。尽管满城陷于饥馑，一个叫安德鲁·贝尔彻（Andrew Belcher）的商人却因为加勒比群岛的利润更高，而往那里运送粮食。这导致了一场 200 人参加的骚乱，他们闯进贝尔彻的仓库搜寻粮食，还朝想要制止他们的副总督开枪射击。后来，波士顿另一帮暴民把治安官打了一顿，并包围了总督住所，抗议强征入伍，即强制在海军服役。1747 年，波士顿的穷人认为富商官员托马斯·哈钦森（Thomas Hutchinson）歧视他们。托马斯的住宅发生了一场神秘的大火，围观群众发出阵阵欢呼。

在 18 世纪 40 年代至 50 年代的新泽西州，穷苦的农民与富有的地主爆发了冲突。双方都声称拥有土地的是自己；当地主要求农民交地租，农民就发起了暴动。在这段时期，英格兰打了好几场战争*，为殖民地少数的造船公司和商人带来了巨大财富。但对殖民地绝大多数居民而言，英格兰的战争带来的是高税收、低就业、空钱袋，以及对有权势的富人更旺盛的怒火。

统治之道

到 18 世纪 60 年代，控制了英属北美殖民地的富有精英阶层，其心腹大患有三：印第安人的敌视、奴隶造反的威胁和穷苦白人阶级日益增长的不满。如果这三个群体联合起来，那可如何是好？

培根起义已经向殖民地领导者表明，忽视印第安人是不明智的，否则边疆地区的白人将被激怒。向印第安人宣战以取得白人的支持，这才是更好的选择。让穷人的矛头对准印第安人，这样一来，当权者就避免了潜在的贫富阶级冲突。

黑人有可能联合印第安人对付白人吗？这个威胁不容小觑。18 世纪 50 年代的卡罗来纳殖民地，白人仅 2.5 万，远远少于四万黑奴和六万土著印第安人。当权者决定挑拨黑人和印第安人。他们向印第安人施以贿赂，让他们把逃跑的奴隶送回来；他们又立法禁止自由黑人进入印第安人领地。虽然印第安人的村庄庇护的逃奴的确有上百号人，但黑人和印第安人终究没有大规模地联合起来。

富有的南方种植园主最害怕的事情莫过于黑奴和白人穷人

---

* 包括安妮女王之战（1702—1713）和乔治王之战（1744—1748）。——译者注

联合，又发起一场像培根起义那样的叛乱。防止黑人和白人联合的其中一样法宝就是种族主义。研究弗吉尼亚奴隶制的历史学家埃德蒙·摩根（Edmund Morgan）在他的《美国的奴役与自由》（*American Slavery, American Freedom*）一书中写道，种族主义并不是对黑人与白人之间差异的一种“天然”情绪。相反，对黑人的负面态度是白人领导者鼓励的结果。如果穷苦白人对非裔美国人心怀鄙夷，那么他们联合黑人造反的可能性就变小了。

随着殖民地的扩张，统治阶级又找到了另一样维护统治的法宝。随着极富者与赤贫者的分化，白人中产阶层也开始形成。组成这个阶层的主要有小型种植园主、自耕农以及城镇手工业工人。如果殖民地居民中的这些中产阶级能加入商人和大种植园主的行列，那么他们将构成对边疆地区印第安人、黑人奴隶和穷苦白人的有效缓冲。

上等阶层必须赢得中产阶级的忠诚。这就是说，他们必须要分给中产阶级一点什么东西。但是，在不损害他们自己财富与权力的前提下，这要如何办到？在18世纪60年代至70年代，统治阶层找到了一个极其有用的法宝。那个法宝就是——自由、平等的口号。这可以联合起数量刚刚足够的白人对抗英格兰，又无须废除奴隶制和不平等现象。

第四章

暴政即暴政

约在 1776 年，英属北美殖民地的一些要人有一个发现。他们发现，只要创造一个名为“合众国”的国家和象征，他们就能从那些为大不列颠服务的殖民地治理者手中夺得土地、财富和政治权力。

如果我们从这个角度看待美国独立革命，就会意识到这真是天才之作。开国元勋打造了簇新的国家治理体制，而且良好运转已超过 200 年。

当时的局势亟须控制，殖民地已经民怨沸腾。到 1760 年，旨在推翻一个或多个殖民地政府统治的起义已发生 18 起之多。黑奴叛乱也有六起，从南卡罗来纳延伸到纽约；其他的暴动还有 40 起。

但是到 18 世纪 60 年代，殖民地上还有一群我们称之为“地方精英”的人。这些人是城里、镇上或者殖民地的政治和社会领袖。他们大多数人受过良好教育，其中不乏律师、医生和作家。他们的想法颇有分量。殖民地居民中的这些精英之中，有些人和统治集团走得近，统治集团由殖民地总督、收税员及其他代表大不列颠的官员组成。其他人虽与统治集团并无瓜葛，但殖民地的其他居民仍对他们敬佩有加。

这些地方精英因为骚乱频发而忧心忡忡。他们担心，殖民地的社会秩序一旦遭到颠覆，那么自己的财产和地位将危在旦夕。于是这些精英发现了一个保护自己与自己地位的方法。他们可以把殖民地居民造反的注意力转移到英国和英国官员身上。这一发现并非蓄谋，也不单纯是一个决定。相反，它是精英阶层在数年之中面临重重危机后方才形成的。

愤怒与暴力

1763 年，英国在七年战争（殖民地称之为法国－印第安人战争）中打败法国。法国对英属北美殖民地不再构成威胁。但是战争结束后，英国政府收紧了对这些殖民地的控制，因为它们价值不菲。英国需要殖民地的税收支付战争的花费。除此之外，与殖民地的贸易每年都为大不列颠带来可观的利润。

但是，殖民地的失业人口越来越多，贫困人口有增无减。穷苦的百姓流落街头，四处行乞。同时，殖民地的巨富却控制着在今天算来价值数百万美元的财富。赤贫者众多，巨富者甚少。

贫困让殖民地的一些定居者心生厌烦，甚至有造反之意。当时大多数人还住在乡村，那里的穷人和富人爆发了矛盾。从 18 世纪 40 年代到 60 年代，纽约和新泽西的佃户多次发起暴动，反抗地主。

北卡罗来纳的白人农民于1766年发起了“规约派运动”（Regulator Movement）。规约派自称是贫苦的农夫和劳工。他们号称自己代表普通百姓，反对有钱有势而统治无方的政府官员。规约派对赋税过高尤为不满。他们对以债务纠纷为由将穷人送上法庭的律师和商贾咬牙切齿。规约派组织起来抵制政府收税，致使政府动用军事力量镇压。1771年5月，装备了大炮的部队击败了数千名规约派成员。六名规约派成员被吊死。

在波士顿，下层阶级利用市政会议表达不满。马萨诸塞殖民地一位总督写道，波士顿的穷人和平民定期出席会议。他们人数众多，使选票数量胜过了“绅士”和其他与统治集团较为亲密的波士顿人。

重大之事正在波士顿酝酿。最初是包括詹姆士·奥蒂斯*和塞缪尔·亚当斯在内的人，他们虽然也是地方精英，但并不属于和英国有染的波士顿统治集团。奥蒂斯、亚当斯和其他当地领袖意识到了波士顿穷人的想法。他们发表慷慨激昂的演说与文章，挑起民愤，煽动下层阶级行动起来。

英国政府于1765年通过《印花税法案》之后，波士顿群众展示了自己的力量。《印花税法案》向殖民地居民征税，以支付七年战争的花费。这场战争本就已经让殖民地居民深受其苦，现在他们无心交税。波士顿群众捣毁了一名富商和英国政府官员托马斯·哈钦森的住宅。他们用斧子砍坏了哈钦森的房子，喝光他的葡萄酒，搬走他的家具和其他财产。

官员向英国禀报时称，对哈钦森财产的破坏只是打倒富人计划

* 指詹姆士·小奥蒂斯（James Otis Jr.）。——译者注

的一部分。这将是“一场掠夺之战，一场力图消除贫富差别的大规模战争”，但是，这些暴动让詹姆士·奥蒂斯这些地方领袖感到担忧。他们希望穷人的阶级仇恨瞄准的是为英国工作的富人，而不是他们自己。

波士顿一群商人、船主和工匠师成立了一个名叫“忠贞九人社”（Loyal Nine）的政治团体。他们发起一场游行，抵制《印花税法案》。“忠贞九人社”虽然由中上层阶级成员组成，但他们也鼓励下层阶级参与他们的抗议，比如船工、学徒和手艺工（但黑人排除在外）。这场游行让两三千人齐聚在一名当地官员的宅邸外面示威。但是，计划并组织了此次抗议的“绅士”离开后，群众采取了更激进的行动，捣毁了官员的一些财产。后来，示威的领导人表示，暴力行为是不对的。他们转而批评群众，与暴动者划清了界限。

当英国政府又一次尝试向殖民地征税的时候，殖民地的精英阶层呼吁发起更多的示威行动。只不过这一次，塞缪尔·亚当斯和詹姆士·奥蒂斯这些领导人一再强调“不搞暴动、不要滋事、不搞骚乱”。他们既想群众宣泄对英国的愤怒，又想保证“人和财产”不受侵扰。

革命的气息

殖民地对英国人的不满随着时间的推进而增长。从 1768 年起，波士顿驻扎了 2000 名英国士兵。那时，工作稀缺，于是这些士兵开始抢夺劳动阶层的饭碗。1770 年 3 月 5 日，当地劳工与英国士兵的矛盾激化为一场暴动，史称“波士顿大屠杀”。

士兵朝示威群众开枪。他们打死了一个名为克里斯珀斯·阿特克斯（Crispus Attucks）的混血儿工人，另外还有其他人。作为律师，殖民地居民约翰·亚当斯*在庭审中为八名英国士兵辩护。他把屠杀事件现场的群众贬为“一群乱七八糟的乌合之众”。最终，两名士兵被军队开除。其余六名士兵无罪释放，这让一些波士顿人更加生气。英国政府把部队撤出城市，希望事态平息。

但是，殖民地居民的怒火并未退却。波士顿的政治和社会领袖组成了通信委员会（Committee of Correspondence），谋划对英国政府的反抗行动。其中一项行动就是 1773 年的波士顿倾茶事件。为抗议茶叶税，殖民地一群居民夺取了一条英国商船上的货物并倒入波士顿湾。

英国政府对波士顿倾茶事件的应对方式是一系列更严苛的新法案。英国政府关闭了波士顿港口，解散了殖民地政府，派遣部队驻入。波士顿殖民地的居民召开了集体会议，以示抗议。

其他殖民地呢？在弗吉尼亚，受过良好教育的精英阶层想让下层民众的怒火转向英国政府。他们从帕特里克·亨利的演讲天赋上找到一个办法。亨利用他激昂的话语告诉殖民地居民，他们为何应该对英国政府感到愤怒。同时，他又极力避免在群众中间激起阶级矛盾。他的话语助长的是爱国主义情感，是对英国政府的日益增长的反抗心理。

其他振奋人心的言辞也在使抵抗运动往独立运动的方向发展。1776 年，托马斯·潘恩出版了一册小书《常识》（*Common Sense*）。它第一次明确、直接地指出，殖民地应该摆脱英国的控制。

潘恩认为，继续依附于大不列颠对殖民地民众来说并无好处，

---

* 美国第一任副总统和第三任总统。——译者注

而从大不列颠脱离出去对他们又没有坏处。他提醒读者，英国此前多次把他们拖入战争——那些战争又造成了多少人的牺牲、耗费了多少钱财。最后，他做出了振聋发聩的声明：

> 所有正确的或合理的事情都为分离作辩护。被杀死的人的鲜血和造化的啜泣声在喊着：现在是分手的时候了。*

《常识》是殖民地美国流传最广的书，它让殖民地精英人士（比如约翰·亚当斯）如坐针毡。对退出英联邦而独立的爱国主义事业，这些精英人士确实是支持的，但他们不愿在民主的道路上走得太远。亚当斯认为，必须对民治有所限制，因为大众会做出草率、愚蠢的决定。

托马斯·潘恩不属于精英阶层。他从英国来美国时只是一介贫民。但是独立战争爆发后，他就脱离了下层阶级群众的行动。尽管如此，潘恩在《常识》中的话语仍然构成了美国独立战争神话的一部分，即它是由团结一致的国民发起的运动。

谁的独立？

英国政府的每一项苛刻的举措都在助长殖民地居民的反叛心理。1774 年，他们设立了大陆议会。这个政治组织虽然是非法的，但它同时也是迈向独立的重要一步。

---

* 译文来自《潘恩选集》，马清槐等译，商务印书馆，1981年5月第1版。——译者注

殖民地民众与英国军队之间的首次军事冲突发生在1775年4月的莱克星顿与康科德。之后，大陆议会通过决议，脱离大不列颠。托马斯·杰斐逊撰写了一份《独立宣言》。大陆议会于1776年7月2日正式表决通过，两天后公布于众。

各个殖民地早已有了强烈的独立意愿，这种意愿在《独立宣言》的开头得到了阐述：

> 我们认为下面这些真理是不言而喻的：造物者创造了平等的个人，并赋予他们若干不可剥夺的权利，其中包括生命权、自由权和追求幸福的权利。为了保障这些权利，人们才在他们之间建立政府，而政府之正当权力，则来自被统治者的同意。任何形式的政府，只要破坏上述目的，人民就有权利改变或废除它，并建立新政府……*

接着，《独立宣言》列出了英国国王的种种不公不义之举。它将国王的统治描述为暴政、压迫，毫无公正可言。《独立宣言》号召人民掌管自己的政府。它向民众列举了英国施加于他们的种种负担与困境。这样的语言很适合将殖民地居民中的不同群体联合起来。它甚至能联合意见相左的群体共同对抗英国。

但是，《独立宣言》可没有把印第安人、黑奴和妇女包括在内。拿印第安人来说，就在20年前，马萨诸塞政府还把他们叫作“叛乱

---

* 《独立宣言》的中译本众多，这里的译文采用了任东来的译本。全文译文见于任东来、陈伟、白雪峰等著：《美国宪政历程：影响美国的25个司法大案》，附录一，中国法制出版社，2015年6月第1版。——译者注

约翰·特朗布尔的画作《独立宣言》描绘了独立宣言的五人起草委员会向国会介绍他们的工作

分子、敌人、叛徒”，并为每一块印第安人头皮支付赏金。

黑奴对《独立宣言》的执笔人来说是个难题。一开始，杰斐逊在宣言中指责英国国王向美洲输送奴隶、不允许殖民地限制奴隶贸易。也许这个说法出自对奴隶制的道德厌恶；也许这只是出自对奴隶叛乱的担忧，但是，大陆议会将这个说法从《独立宣言》删去，因为各殖民地的奴隶主内部对是否废除奴隶制无法达成一致。于是杰斐逊对黑奴的姿态自然没能收入美国独立革命的自由宣言之中了。

“造物者创造了平等的个人。”《独立宣言》写道。“男人”* 这个字眼也许杰斐逊不是有意用来把女性排除在外的。他只是根本没想到要把她们包括进去。女性在政治中是看不见的。她们没有政治权力，没有要求平等的权利。

《独立宣言》运用自身的语言，将生命权、自由权和追求幸福的权利限定于白人男性。但是，《独立宣言》的缔造者与签署者和同时代的其他人没什么区别。他们的理念源于在当时再正常不过的想法，我们研究《独立宣言》也并不是为了指责他们在道德上的失败。我们对这份文件的研究，是为了明白它如何吸引美国人中的特定群体，而忽视了其他群体。在我们这个时代，振奋人心的话语仍被用来鼓动人们支持一项事业，即便正是这样的话语掩盖了不同人群之间的尖锐矛盾，或者完全忽略了人类中的其他族群。

《独立宣言》背后的真相是，殖民地的一个由重要人士组成的新兴阶层为了击败英格兰，需要获得足够的支持。与此同时，他们不想过分打乱现有的财富分配与权力秩序。事实上，美国独立的缔

---

* 英文中，man既可以指“人”，也可以指“男人”。——译者注

造者正是既有秩序的一部分。《独立宣言》的签署者之中，超过 2/3 曾是英国殖民地政府的官员。

斗志昂扬的《独立宣言》在波士顿市政大厅中得到宣读，而宣读者是托马斯·克拉夫茨（Thomas Crafts）。他是“忠贞九人社”的成员，一度反对与英国展开武装斗争。四天后，波士顿的通信委员会勒令城中男性参与征兵，组建一支全新的爱国军队。然而，事实是富人可以避过征兵。他们付钱给其他人顶替他们服役。穷人毫无选择，只能服役。这引发了暴动，群众高呼：“无论是谁施政，暴政就是暴政。”

第五章

独立战争

独立战争在大不列颠与其北美殖民地之间展开，但独立战争期间还发生了其他种种叛乱。士兵反叛军官，印第安人与自己的宿敌并肩作战，马萨诸塞的穷苦农民武装起来，对抗全新的美国政府。

战争与哗变

约翰·亚当斯，那位在波士顿大屠杀事件中为开枪的士兵辩护的马萨诸塞律师，认为殖民地只有 1/3 的民众支持独立战争。当代历史学家约翰·夏伊（John Shy）经过对大陆军的研究后，认为主动对抗英军的殖民地人口只占 1/5。*

* 夏伊在他的《武装的人民：对谋求美国独立的军事斗争的思考》（*A People Numerous and Armed: Reflections on the Military Struggle for American Independence*）中表达了这个观点。——译者注

但是，几乎每个殖民地的白人男性都不仅有枪，而且会使枪。虽然独立战争的领袖对穷苦群众有所猜忌，但要想打败英军，他们还得靠这些群众帮忙。独立战争的领袖如何将更多的人吸引到自己的事业中去呢？赢得支持的其中一个办法就是为服役提供奖励。底层阶级的人入伍当差，希望的是赚来军衔、挣得军饷、出人头地。

历史学家夏伊发现，独立战争中“参与大部分战斗、蒙受大部分苦难”的还是穷人，他们不全是自愿参战的。就在几年前，殖民地居民就曾发起暴动，抵制英国政府强迫成年男性在海军服役。但到了 1779 年，独立战争正打得火热，美国海军也干了同样的事情。

美国人输掉了战争中的前几场战役，包括邦克山战役和布鲁克林会战。他们在特伦顿和普林斯顿赢下小规模战役，并于 1777 年在纽约的萨拉托加取得大捷。当乔治·华盛顿的军队在福吉谷的严寒中苦苦支撑时，本杰明·富兰克林正在法国寻求支援。英国在七年战争中击败了法国，因此法国人对复仇迫不及待，他们加入了战争，站在美国一边。

战争继续向南方推进，英国人打得美国军队节节败退；1781 年，双方最终在弗吉尼亚的约克镇遭遇。一方面，法国海军阻断了英国军队的人力和物资增援；另一方面，法国陆军与美国军队联合作战，美国人最终赢得这场战役，这场战争也落下了帷幕。

战争期间，美国的富人和穷人爆发了冲突。领导大陆议会并统治殖民地的都是富人。他们既是姻亲，又有家族交情，还是生意伙伴，所以对彼此都很照顾。

议会投票决定，打完这场战争的军官均可终身领取一半军饷。这项决议忽略了普通士兵，他们连军饷都无处可领。

1781 年 1 月 1 日，宾夕法尼亚的一些士兵哗变。他们杀死了一名上尉，打伤了其他一些人，运着大炮向大陆议会所在地费城进发。军队司令华盛顿最终与叛乱的士兵握手言和。

不久之后，新泽西也有士兵哗变，这一次华盛顿采取了更为强硬的立场。他下令枪毙两个带头哗变的士兵，行刑队由他们的战友组成，他们是流泪扣下扳机的。华盛顿表示，这是“杀一儆百”。

士兵哗变并不多见。叛乱对不在部队服役的人来说更为容易。尽管殖民地当时正在和大不列颠交战，也有六个殖民地发生了平民骚乱。

在南方殖民地，下层民众并不想卷入美国独立战争。他们认为战争与他们不相干。无论殖民地能否从英国手中赢得独立，他们都会受到政治精英的统治。

纳瑟内尔·格林（Nathanael Greene）是华盛顿在南方战场的将领，他写信告诉托马斯·杰斐逊，自己的士兵如何对付仍然忠于英国的保皇党：“杀了 100 多号人，剩下的差不多都剁成肉酱。”他还说此次行动对当地原本无意支持战争的人产生了“令人欣慰的效果”。

佃户在战争中成了一股颇具威胁的势力。这些农夫向拥有大片土地的地主支付地租；他们停止交租后，革命政府害怕他们会造反。于是政府没收了保皇党的土地，把其中一部分卖给了这些佃户。这些新地主这下倒是用不着交地租了，但是得向借给他们买地钱的银行还贷款。

保皇党的很多财产都装进了革命军领袖和领袖友人的腰包。美国独立战争让殖民地的这些精英得到了大好机会，从那些一度忠于英国的人那里攫取权力与财产。对小地主来说，战争也带来了一些好处。但对大多数穷苦的白人劳动阶层和佃户来说，独立战争带来的改变微乎其微。

战争中的印第安人与黑人

英法七年战争期间，北美许多印第安人都站在了法国一边。法国人只是同他们做生意，无意抢夺土地；但是英国人觊觎他们的生存空间。

七年战争结束之后，法国人对印第安人盟友弃之不顾，把俄亥俄河谷的法国领地拱手让给了英国人。印第安人在那里对英国人的要塞发起进攻，英国人予以还击。他们的一样武器就是生化武器：他们把医院的毛毯交给印第安人，希望天花在各个部落中传播开来。

但是英国人无法摧毁印第安人的意志，所以 1763 年双方休战讲和。英国一方宣布，阿巴拉契亚山脉以西的土地属于印第安人，殖民者禁止在那里定居。这激起了殖民者的不满，给了他们另一个反抗英国的理由。这也解释了为什么在独立战争期间，这么多的印第安人会和自己的宿敌英国人并肩作战。战争结束后，英国人不再当道，美国人也就能把印第安人逐出他们的土地；胆敢反击就干掉他们。

黑奴也参与了独立战争——加入哪一边的都有。希望获得自由身的黑人提出为大陆军效命，乔治·华盛顿拒绝了他们。不过，最终还是有大约 5000 名黑人加入了大陆军。为英国人效命的则要多出

独立战争中的士兵，1776 年

许多倍。

美国独立战争给了一些黑人向白人社会提出更多要求的信心。比如 1780 年，马萨诸塞州有七名黑人向立法机关索取选举权。他们提醒立法者，美国人刚刚打完的这场战争是为了赢得自治，而为了这项革命事业，许多“与我们肤色相同的人”也抛头颅、洒热血。

战争结束后，北方诸州的奴隶制终结了——但是花了不少时间。1810 年，北方大约还有三万名奴隶，到 1840 年仍有 1000 名。在深南部 *，随着水稻及棉花种植园的增多，奴隶制反而扩张开来。

叛乱的农民

美国独立战争爆发之时，北美殖民地的一些社会模式已经固定了下来。印第安人在这个新社会中毫无立锥之地；黑人不能与白人平起平坐；权贵主持大局。战后，革命领袖则要把这些模式写进新国家的法律。

1787 年，一群领袖在费城聚首，着手起草美国宪法。每个人的心头都吊着对造反的担忧：上一年，谢司起义已经让马萨诸塞州西部沦为战场。

* 深南部（Lower South），因广泛种植棉花又称棉花州（Cotton States），一般包括亚拉巴马州、佐治亚州、路易斯安那州、密西西比州和南卡罗来纳州，有时也包括得克萨斯州和阿肯色州。——译者注

此前，马萨诸塞州通过州法案*，提高了选举权的财产标准。没有足够土地的人没有投票的资格。而且州政府官员只有非常富有的人才能当上。还不起债的农民非常不满，因为州立法官员一点也不帮他们的忙。

在一次会议上，一名叫普劳·乔格（Plough Jogger）的农民大胆说出政府对他的虐待，以及他的计划：

> 我受尽折磨，现在强迫我做的事情比打仗时还要多。阶级税、城镇税、地区税、大陆税，还有什么乱七八糟的税我都得交……县里的治安官、镇上的警官，还有收税的，个个都把我使唤来使唤去，还把我家的牲口给低价卖掉了……那些大人这是要把我们的东西都给抢光了啊，所以我说，是时候反抗了，是时候结束这种情况，我们再也不要什么法院、治安官、税务员、律师……

有些愤愤不平的农民原来在大陆军当过差。他们为了革命事业而奋斗，却在战争结束之后连现钱都没拿到。他们背了债，可没钱还。法院决定没收他们的牲口和土地，于是这些农民群起抗议。大批武装起来的农民聚集到法院门口，阻止工作人员执行决议。愤怒的农民还闯进监狱，把因欠债而入狱的人给放了出来。

马萨诸塞州的政治领袖警觉了起来。塞缪尔·亚当斯，就是在

---

* 指马萨诸塞州于1780年颁布的宪法。美国各州均有自己的宪法，较美国宪法字数更多，涉及内容也更为具体；各州法律不得违背本州宪法，而本州宪法不得违背美国宪法。——译者注

波士顿反抗英国政府的那一位，现在坚持要求人民应当遵守法律。格林尼治的人民是这么回复他的：你们这些在波士顿的人有钱，可我们没有。更何况革命的时候，你们自己干的不也是犯法的事吗？

独立战争爆发时，丹尼尔·谢司（Daniel Shays）只是农场里一个打下手的。他参军之后，先后在莱克星顿、邦克山和萨拉托加参加战斗。1780年，因为没有拿到军饷，他退出了军队。回到家之后，他却发现自己因为还不起债被告上了法庭。他还看到同样的事情也发生在了其他人身上。因为拿不出钱，一个还生着病的妇女连正躺着的床都被人搬走了。

马萨诸塞州最高法院对农民起义中的带头人提出控告，于是谢司组织了700名武装农民，他们大多是退伍军人。他们向位于斯普林菲尔德的法院进发，中途有其他人加入。法官只好提前结束庭审。

农民继续施压，但是下起的冬雪阻断了他们前往法院大楼的去路。谢司带领1000人向波士顿进发，但是一场暴风雪逼得他们只好掉头，还冻死了一个人。后来，波士顿富商资助的一支军队跟农民开战。造反的农民寡不敌众，一败涂地。谢司逃到了佛蒙特州。有些追随者举手投降，有些人死于战斗，其他的人在绝望之下以暴力继续对抗当局，比如焚烧谷仓、宰了将军的马。

被捕的造反者受到了审判。虽然谢司后来得到赦免，但还是有不少人被判处死刑。塞缪尔·亚当斯宣称，对君主造反（正如他自己所做的）与农民的造反有所区别。他说，背叛君主是可以得到赦免的，“但是胆敢反叛共和国法律的人理当处死”。

杰斐逊持不同意见。他认为，此类叛乱有助于社会健康。杰斐逊写道，“我认为偶尔发生一次小规模叛乱是件好事……这是维持政府健康的必备良药”。

但是，杰斐逊的观点可没有得到这个新国家各位政经领袖的赞同。他们担心，叛乱可能蔓延开来，而穷人会要求分得富人的部分财产。这些担忧萦绕于美国宪法起草者的脑海中。

美国宪法——例行公事

很多美国人都把宪法当成天才的杰作，认为它是由一些有识之士为了民主与平等而搭建的法律框架，但是看待宪法的角度还有一种。

1913 年，历史学家查尔斯·比尔德（Charles Beard）提出的关于美国宪法的观点*激怒了一些人。比尔德研究了参与制宪会议的 55 人。他发现，大多数与会者都是富人：一半人是放债的，还有很多是律师。他们有理由打造一个强大的联邦政府或者中央政府，从而捍卫他们所熟知的、身处其中的经济体制。比尔德还注意到，协助起草宪法的人当中，没有女性，没有黑人，没有契约佣工，也没有无产者。所以，宪法并不能反映这些群体的利益。

宪法规定，每个州的议会议员通过选举产生在联邦议会中代表本州的参议员；州议会议员也通过选举产生竞选总统的候选人；总统则任命最高法院法官。政府官员中，唯一由人民直接选出的就是众议院议员。但是即便在这类选举中，各州也都分别设立了不同的投票资格要求。妇女、印第安人和奴隶无权投票；几乎在所有州，

---

* 指比尔德的《宪法的经济学解释》（*An Economic Interpretation of the Constitution*）。——译者注

没有财产的男性也无权投票。

民主制度的问题远比宪法对选举权的限制深远。它体现于社会中的贫富分化。有些人腰缠万贯，大权在握。他们把持着土地、金钱、报纸、教堂和教育体制。投票怎么打击得到这种权势？

各州正式签署宪法的时刻已经到来：各州将要接受宪法，使其成为新的国家法律。有些人渴求宪法及它所带来的强势中央政府。另一些人则认为，13 个州应该继续保持独立，或者只需松散的联盟。

在纽约，关于是否要签署宪法的辩论如火如荼。宪法的支持者被称作联邦党人。其中一位主要的联邦党人名叫亚历山大·汉密尔顿，他相信社会中的各个阶级是自然形成的。在汉密尔顿看来，上层阶级应当掌控大局，因为真正的民主是危险的：

> 一切社会都有少数人与多数人之分。少数人是富有的和出身好的人，多数人则是普通大众……大众不守秩序、反复无常；他们很少能做出正确的裁断或决定。因此要为第一类人在政府中专门设立一些固定职位……只有一个常设机构才能遏制民主制的草率之处……

联邦党人出版了一系列文章，对中央政府的优势进行详细说明。詹姆斯·麦迪逊表示，中央政府的一大优势就是，暴动、叛乱和民间骚动在“一个由 13 个州组成的大国”比起在单个州发生的概率更小。人民对“平分财产”这类“伤天害理”之事的渴求兴许会让州政府屈服，但无法让联邦政府屈服。

美国在当时约有 1/3 人口拥有一定财产。他们大多数只有一小块土地。尽管如此，这 1/3 人口还是觉得自己有那么一点东西可以由一个强大稳定的政府来保护。除此之外，城市中的手工工人也需要一个可以对进口商品征税、从而保护他们工作的中央政府。在 18 世纪末，这种对政府的支持基础比在其他任何地方都要广泛。

宪法服务于富有的精英阶层的利益，但它为小业主和中等收入的工农阶层提供的保护也足以赢得他们的支持。在国会通过一系列修正案，即权利法案之后，对宪法的接受更为广泛了。权利法案似乎让新政府成了人民自由的捍卫者。它保证了言论自由、出版权、信仰自由、受到公正审判的权利，如此等等。它同时也保证了人身保护权，即任何人在受到审讯之前都不能遭到囚禁。但是，宪法第一修正案表明自由被夺取的速度究竟能有多快。

第一修正案规定，国会不得制定限制言论自由或出版自由的法律。但是 1798 年，国会通过了一项显然限制了言论自由的法案，而这时距离权利法案写入宪法仅仅过了七年。

这就是《惩治煽动叛乱法案》，它将针对联邦政府做出的所有“虚假、诽谤和恶意”的言论认定为犯罪。这可能让人民反抗政府的批评受到禁止。《惩治煽动叛乱法案》似乎违反了第一修正案，但有 10 人因为发表了对政府的不利言论而被投入监狱。

国会还通过了好几条税法以偿清战争债券。虽然拥有大多数债券的是社会中的最富者，但平民百姓仍要付税。其中一项《威士忌税法》损害了自制威士忌用以出售的小农的利益。1794 年，农民发动武装起义反对这项赋税，而政府派出军队镇压了叛乱 *。即便在宪

* 威士忌暴乱（Whiskey Rebellion）。——译者注

法刚刚颁布的那几年，它的有些条款（比如第一修正案）也没有得到多大重视。反而是其他一些条款，比如政府收税的权力，则得到强力的施行。

开国元勋是奋力实现权力制衡的公正智慧之士吗？他们想要的不是权力制衡，而是一种维持现状的制衡。他们显然不想在奴隶与主人、穷人与富人、印第安人与白人之间达成均衡。而这个国家有一半人甚至都没有被开国元勋考虑在内，这些“隐形”公民就是早期美国的妇女。

第六章

早期美国妇女

一些历史书的记载让人以为，美国有一半人好像根本不存在似的。历史书谈论的是探险家、商人、政治家和将领——清一色的男人。在早期美国，女性不能做这些工作。她们对历史而言是隐形的。

对在美洲定居的欧洲人而言，法律和社会习俗明确规定，女人和男人并不平等。父亲与丈夫有权支配女性。女性是被压迫的一方，无法控制自己的生活。对女性的压迫难以根除。

女性的待遇

北美殖民地的起初几个定居点，成员几乎全是男性。女性被带来嫁作人妇，相夫教子。1619 年，弗吉尼亚的詹姆斯敦迎来一艘船，船上载有 90 名女性。她们事先已同意来到殖民地嫁给素未谋面的男子，以此偿还横渡大西洋的旅费。

不少妇女和少女都是以契约佣工的身份来到殖民地的。她们的生活与奴隶相差无几，除了她们的服侍有个期限。她们在当仆人期间必须服从男主人和女主人，有时会遭到性虐待。据《美国的劳动妇女》（*America's Working Women*）这本历史书记载，女仆“得到的报酬很低，经常遭到粗鲁、残酷的对待”。

黑人女性则蒙受着双重折磨。她们受到的是黑人以及妇女受到的双重压迫。一个奴隶商人记录了她们在横渡大西洋时的骇人处境：

> 我见过孕妇生产时还跟尸体锁在一起，这些尸体本该叫看守搬走，可他们喝了个大醉……甲板上锁着一个年轻的黑人女人，她被买下后，刚上船没多久就疯了。

即便是自由的白人妇女也有苦头要吃。当时的医疗条件差，疾病很常见，所以生孩子和养孩子都不是易事。清教徒前辈移民乘坐的“五月花”号载有 18 名已婚妇女，怀孕的有三名。一年不到，只剩下四名妇女还活着。其他妇女死于分娩或疾病。

加在妇女身上的另一沉重负担则是从英格兰带来的法律和观念。根据法律，女性成婚后，丈夫就是她的主人。丈夫有权控制妻子的方方面面。男人可以对自己的妻子施以身体上的惩罚（但不能把她杀死，也不能给她留下永久性损伤）。她的地产和财产都是他的，她如果赚来了钱，也是他的。

当时有一本英语畅销读物叫《给女儿的忠告》（*Advice to a Daughter*）。它声称“性别不平等”乃人生事实。许多美国人都读了这本书，这里边说，男人本来就该是规则制定者，他们比女人理性，分析能力更强，也就是思考能力更强。但是，即便“女子不如男”的言论影响巨大，一些女性还是找到了彰显自己独立性的方法。

独立的女性

安妮·哈钦森（Anne Hutchinson）是马萨诸塞湾殖民地早期的一名女教徒。她向教会牧师发出质疑，坚称自己能读懂《圣经》，弄懂其中含义，而且其他普通人同样可以做到。

哈钦森两度受到审判。教会以信奉异端（不受宗教领袖承认的思想）为由对她展开审判。殖民地政府则以对抗当局为由对她展开审判。

哈钦森被勒令离开马萨诸塞湾殖民地。1638年，她向罗德岛出发，有35个家庭选择追随她。后来，哈钦森又去了长岛。那里的印第安人以为她是骗取了他们土地的帮凶，杀死了她和她的家人。马萨诸塞湾殖民地的另一名女性玛丽·戴尔（Mary Dyer）则由于“造反”言论及行为而被处以绞刑。

当时，参与包括政治在内的公共事务的妇女少之又少。但在美国独立战争期间，战争的压力使一些女性进入公共生活领域。她们建立了爱国组织，发起抗英行动，为美国独立撰文。

1777年，女性甚至发动了自己的“波士顿倾茶事件”。在一封信中，阿比盖尔·亚当斯（Abigail Adams）向她的律师丈夫暨开国元勋之一约翰·亚当斯进行了说明。当时，一名富商坚持自己的咖啡非高价不卖，于是一群妇女结队朝他的仓库进发。商人被其中一

《安妮·哈钦森受审》，20 世纪

名妇女直接丢到了马车里，只好交出钥匙，妇女自行把咖啡拿到手就离开了。阿比盖尔·亚当斯写道，“一大群男子站在那里目睹了整件事情发生，目瞪口呆”。

在边远地区，劳动力和生产技能短缺，于是一些妇女得到了证明自己不输男人的机会。独立战争开始前后，她们步入一些重要岗位，比如发行报纸、经营商店以及管理旅馆。其他的妇女——还有儿童——则在家中干活，用当地的植物纺线织纱，制作布料。

随着工业在经济中的地位提升，妇女走出家门，去工厂做工。但与此同时，妇女也要面临让她们待在家中的压力，因为那样她们就更容易被控制。

某些人所谓的“贤妻良母”通过布道和书籍进入人们的视线。妇女的职责在于让整个家庭充满欢乐的气氛、虔诚的思想和爱国的情怀。她应当是这个家的保姆、厨师、保洁员、女裁缝、教书人以及插花匠。她读的书不能太多——而且有些书不应当读。最要紧的是，女人的作用在于满足丈夫的需求。

上工的女性

一方面是布道的人和写书的人在赞扬妥当的“女性”行为；另一方面则是女性开始反抗社会对她们施加的行为限制。当时，她们没有选举权和财产权。她们不能上大学，也不能学习法律和医学。如果她们去工作，和男性做同一份工作，拿到的薪水则要少得多。

但是女性要去工作。19 世纪，许多女性在纺织厂和制衣厂找到了工作，操作包括动力织布机在内的新型机器。每 10 名纺织工人里就有 8 ~ 9 名女性。她们的年龄大多在 15 到 30 岁之间。

这些上工的女性领导了最早的几次罢工。她们抛下自己在纺织厂的活计，要求提高薪水、改善工作环境。目前已知的最早一次女工罢工发生在 1824 年，地点是罗德岛的波塔基特。10 年后，马萨诸塞州洛威尔一名年轻女工遭到开除，于是其他年轻女工丢下纺织机，发起了抗议。她们其中一位爬到镇里的打水机上，针对女性权利发表了演讲，激情昂扬。

凯瑟琳 · 比彻（Catherine Beecher）那时一直都在洛威尔。比彻后来成了一位致力改善女性教育的改革家。她对纺织厂的情况做了如下描述，鼓动女性奋起反抗：

> 仲冬时节我去那里干活，每天凌晨五点就被上工的铃声吵醒了……中饭只给半个小时，这还包括了来回的时间。回到纺织厂之后，要继续工作到七点……我不会忘记，所有的工作时间都是在车间里度过的：每个车间里装了 40 到 80 个人，油灯亮着，新鲜空气被消耗至尽……空气中全是从梳棉机、纺锤和织布机里甩出的棉絮。

女性权利？

不单在纺织厂才有人谈论女性的权利，女性在社会中的地位正在缓慢地改变。

凯瑟琳·比彻，1860 年

中产阶级女性虽然上不了大学，但可以在小学做教师。慢慢地，她们占领了这个职业。身为教师，她们读的书更多，沟通也更频繁。女孩和妇女把高等教育的大门敲得越来越响。

1821 年，艾玛·威拉德（Emma Willard）创办了首座女子学院*。28 年后，伊丽莎白·布莱克威尔（Elizabeth Blackwell）成了美国首位取得医学学位的女性。

女性也开始为杂志撰文，甚至创办了一些女性杂志。1780 年到 1840 年，有读写能力的美国女性翻了一番。有些女性加入了宗教组织，有些女性成了医疗卫生改革倡导者。最富影响力的一些女性参加了废奴运动。

通过这些活动，女性获得了为各项事业组织活动、发表演说和采取行动的经验。很快，她们就会将这些经验运用于一个全新的事业：女权运动。

露西·斯通（Lucy Stone）是美国反奴隶制协会（American Anti-Slavery Society）的一名演讲者。她性格坚毅，即便自己的想法不受欢迎也直言不讳。斯通在演讲时曾被泼过冷水，也被用书砸过，还被激动的听众围攻过。即便如此，她还是于 1847 年在马萨诸塞州一所教堂（她的哥哥是这所教堂的牧师）开始发表女性权利的相关演说。

安杰利娜·格里姆克（Angelina Grimké）是另一位争取女性权利的废奴活动家。她相信，如果美国能够先“提高无数男女奴隶的地位，让他们做真正的男人、女人”，那么它之后也能够“不再让

---

* 特洛伊女子学院（Troy Female Seminary），现名为艾玛威拉德学院（Emma Willard School）。——译者注

千百万女性跪在地上，让她们站起来”。

举国上下，女性为反奴隶制组织做了巨大工作。这刺激了女权运动，使其与废奴运动齐头并进。女权运动的一个重要起点就是1840年在英国伦敦举行的世界反奴隶制大会。

大会组织者差点禁止女性参加大会，因为女性参加公共会议不“合适”。最终，女性获准参加——但她们必须坐在帘子后面。美国废奴主义者及女权运动者威廉·劳埃德·加里森（William Lloyd Garrison）与她们同坐在一起。

在废奴运动中受到次等对待，这激怒了包括伊丽莎白·卡迪·斯坦顿（Elizabeth Cady Stanton）和柳克丽霞·莫特（Lucretia Mott）在内的诸多女性。身为废奴运动倡导者的她们对女性的社会角色与权利深感担忧。

斯坦顿和莫特此后组织了历史上首届妇女权利大会。它于1848年在纽约的塞尼卡·福尔斯村召开，这里是斯坦顿的故乡。与会的女性多达300人。还有一些支持女权的男性也参加了会议。

在会议结束后，100名与会者签署了《原则宣言》（Declaration of Principles）*，它模仿了托马斯·杰斐逊《独立宣言》中的一些说法，但把女性也包括在内。《原则宣言》表示“造物者创造了平等的男人和女人”。它描述了女性受到的不公待遇，并勾勒出推进男女平等的具体步骤。

但是，真正的平等不单指赋予女性权利，它还指平等对待白人女性和黑人女性。1851年，在一个声援女权的会议上，一位年迈的

---

* 一般叫作《权利和意见宣言》（Declaration of Rights and Sentiments）。——译者注

黑人妇女正坐着听男性牧师讲话。讲话的基本上都是他们。然后她站了起来。她长得高，体型苗条，穿了一条灰色连衣裙，包了一条白色头巾；这位名叫索杰纳·特鲁斯（Sojourner Truth）* 的原奴隶讲述了自己作为黑人妇女的人生：

> 那边的男士说，要扶着女人上马车、过水沟……从没有人扶我上马车、过泥坑，也没人让过什么东西给我。难道我不是女人吗？
>
> 看看我的胳膊！我耕过地、种过田、把收成搬进仓，没有男人帮过我！难道我不是女人吗？
>
> 我干的活和男人一样多，吃得也和男人一样多，要是有人罚我，我同样得挨鞭子。难道我不是女人吗？
>
> 我生了13个孩子，眼看着他们个个都被卖作奴隶；我一个当妈的，怎么会不伤心！但是听我哭诉的，除了耶稣还有谁！难道我不是女人吗？

随着全国各地的女性举办大会，女权运动日益高涨。女性奋力反击那些想将她们禁锢在“妇道”上的人。她们投身到形形色色的运动中去——不仅为妇女争取权利，也呼吁监狱改革、医疗改革、废除奴隶制。

正当这些运动开展得如火如荼之际，一股新的欲望席卷美国。

---

* 原名伊莎贝拉·鲍默弗里（Isabella Baumfree，约1797—1883），1843年因笃信上帝呼唤，她离开城市、前往乡下以证明自身信念而改名换姓（Sojourner Truth字面意思是“真理旅居者”）。——译者注

这就是开辟疆域、扩张版图的欲望。美国人想要更多的土地。他们要从印第安人手中夺取土地，正如他们一直在做的。

独立战争期间，几乎所有的主要印第安部落都站在英国人这边。他们心里明白，如果英国人输掉了这场战争，那么就再也挡不住美国人。拓荒者将从阿巴拉契亚山脉的那一边涌入印第安人的领地。

印第安人是对的。1800 年，杰斐逊赢得总统选举，此时阿巴拉契亚山脉西侧的白人定居者已达约 70 万。美国人摩拳擦掌，要改造阿巴拉契亚山脉与密西西比河之间的土地。他们准备砍林伐木、种棉栽谷、修筑道路、建造城市、开凿运河。终于，他们有了这么一个念头：他们的国家应该向西一直延伸到太平洋，横贯北美大陆。

印第安人挡在了这些计划前面。于是美国政府提出“迁移印第安人”的法子，让印第安人腾出土地供白人使用。这项“迁移”的代价是不计其数的生命与无穷无尽的痛苦。具体损失历史学家无法估量。

第七章

直至海枯石烂

从攻打印第安人到当选总统

美国独立战争结束后，富人买下边远地区的大片土地，他们计划日后卖出，牟取暴利。这就是土地投机行为。一些投机者贵为开国元勋，比如乔治·华盛顿和帕特里克·亨利。

还有一位土地投机者，他是商人、奴隶贸易者、军人，还是未来的总统，他就是安德鲁·杰克逊——印第安人在美国早期的头号敌人。

杰克逊成名于1812年战争*。教科书一般会说这是一场美国为求自保而与英国爆发的战争，但事实更为复杂。这也是一场领土之争。它让美国得以向加拿大、佛罗里达（当时为西班牙所有）以及印第

* 又称第二次独立战争（1812—1815）。——译者注

安人的领地扩张。

杰克逊最初同克里克印第安人打了几场仗，这些部落当时居住在佐治亚、亚拉巴马和密西西比的大部分区域。战争期间，克里克战士在亚拉巴马一座要塞屠杀了250名白人*。杰克逊的军队采取了报复行动，他们烧毁了克里克人一座村庄，杀光了村里的男人、女人和小孩。一年后，即1814年，杰克逊在铁蹄湾之役中对抗1000名克里克人，一跃成为国家英雄。他以极小的代价歼灭了800名敌军。实际上，杰克逊的胜利全拜并肩作战的切罗基印第安人所赐：政府此前已许下承诺，切罗基人如若参战，日后则受到优待。杰克逊的白人军队在对克里克人发起的一次进攻中遭遇失败，是切罗基人渡河从后方包抄克里克人，才让杰克逊赢得战役。

战争结束后，杰克逊和他的朋友着手收购克里克人的土地。杰克逊掌握了签订条约的权力。1814年，他签署了一项条约†，夺走了克里克族人的大半土地。

这项条约开启了一个重要先河。印第安人从来不认为土地可以属个人所有。正如肖尼族（Shawnee）一位名叫特库姆塞（Tecumseh）的酋长所言，“土地为集体所有，为个人所用……”但是，杰克逊的这项条约承认印第安人土地的个人所有权，因而打破了他们的土地集体所有制。这项条约让印第安人彼此反目成仇，因为它用土地收买一些印第安人，而对另一些印第安人却什么也不给。

在接下来的10年间，杰克逊与南部的印第安人签订了更多条

---

* 闵士堡大屠杀（Fort Mims Massacre）。——译者注

† 《杰克逊堡条约》（Treaty of Fort Jackson）。——译者注

约。他威逼利诱、玩弄诡计，让白人取得了亚拉巴马和佛罗里达 3/4 的土地、田纳西 1/3 的土地，以及其他四个州 * 的部分土地。巧取豪夺而来的这些土地为南部棉花王国打下了基础。在棉花王国里，奴隶在白人的种植园中劳作。

很快，白人定居点拓展到了西班牙控制的佛罗里达附近，塞米诺尔（Seminole）印第安人和一些黑人逃奴在此生活。杰克逊扬言，美国出于自卫必须控制佛罗里达——这与现代国家在对他国发动领土征服战争之前的说辞如出一辙。

杰克逊开始对佛罗里达境内发动突袭，烧毁塞米诺尔人的村庄，占领西班牙人的要塞。西班牙不堪侵扰，于是同意把佛罗里达卖给美国。杰克逊成了这片新领土的统治者。他为亲朋好友出谋划策，建议他们购买奴隶、做地产投机生意。

1828 年，杰克逊当选美国总统。在杰克逊和马丁·范布伦（他在杰克逊当选后即受任为国务卿）统治下，美国政府将 7000 名印第安人从他们在密西西比河以东的家园迁出。政府官员刘易斯·卡斯（Lewis Cass）对印第安人的迁移这么解释："蛮族"无法和"文明社会"生活在一起。

卡斯在出任密歇根州州长期间，从印第安人手中夺取了无数土地。1825 年，在与肖尼人及切罗基人谈判的会议上，他做出承诺，如果他们向西渡过密西西比河，那么"合众国将永不会向你们索取那里的土地"。卡斯宣称，密西西比河以西的土地永远都将属于印第安人。

---

* 包括佐治亚、密西西比、肯塔基和北卡罗来纳。——译者注

杰克逊与韦瑟福德，19 世纪

可怕的选择

19 世纪 20 年代，在杰克逊当选总统之前，南部印第安人和白人相安无事。他们和平共处，彼此融洽。白人造访印第安人社区，印第安人在白人家中也被奉为座上客。大卫·克洛科特（Davy Crockett）和山姆·休斯敦（Sam Houston）等边疆人物就是在这种环境下出现的。他们两位和安德鲁·杰克逊不同，是印第安人的朋友。

政客、商业利益集团、土地投机者和人口增长带来的对新铁路和新城市的需求，无一不在逼迫着印第安人迁移。这些压力也许导致边远地区的穷苦白人与印第安人起初爆发了一些冲突，但是举起迁移运动的大旗逼走印第安人的，却不是这些印第安人的邻居。

政府到底是怎样把印第安人从佐治亚、亚拉巴马、密西西比和其他地方赶走的呢？答案就在联邦法律和各州法律的差别之中。联邦法律，比如联邦政府和印第安部落签订的条约，让美国国会成为印第安人事务的负责人。但是，各州通过了自己的法律，把印第安人的土地分给白人。

身为总统，杰克逊本应推行联邦法律，但他却视而不见，任由各州为所欲为。这让印第安人陷入可怕的境地。他们不会“被迫”西迁。但如果他们拒不迁移，那么他们就必须遵守州法，而州法又剥夺了他们的权利。对他们的土地垂涎三尺的白人将给他们带来无尽的麻烦。

另一方面，如果印第安人同意迁移，那么联邦政府就会资助他们离开，还会把密西西比河以西的土地分配给他们。杰克逊告诉乔克托人（Choctaw）和切罗基人，如果他们安安静静地离开原先的土地，那么他们就将得到新的土地，他们也不再会受到政府的骚扰。他给他们带去了这条消息：

> 与酋长和战士说，我是他们的朋友……但是要做到这一点，他们必须迁出密西西比州和亚拉巴马州，在我提供给他们的土地上住下——在那里，在这些州的地界之外，他们将保有自己的土地，直至海枯石烂。我将为他们提供庇护，我就是他们的朋友与父亲。

现在，印第安人部落一个接一个受到了压力。乔克托人不想迁移，但是50名部落成员没能抵住金钱和土地的诱惑，签订了放弃乔克托人在密西西比以东土地的条约*。相应地，乔克托人将得到政府对他们西迁的资助。1831年末，13 000名乔克托人开始迁移，而他们对目的地的情况和气候环境一无所知。军方负责协调他们的远行，但糟糕地失败了。成千上万的印第安人由于饥饿、寒冷和疾病纷纷死去。留在密西西比的那7000名乔克托人此前拒绝了与他们同行。他们的一些后人至今仍生活在那里。

1832年，杰克逊连任总统，加速推进所谓的印第安人迁移。此时，亚拉巴马的22 000名克里克人所居住的土地和他们原先拥有的相比，已经微不足道。他们同意迁走，以换取联邦政府的如下承诺：这块土地的一部分将分给克里克人，他们可以选择转卖，也可以在

---

* 指1830年签订的《舞兔溪条约》（Treaty of Dancing Rabbit Cre☻）。——译者注

联邦政府的保护下继续居住。

政府一扭头就背弃了诺言。政府并未保护克里克人免受涌入他们土地的白人的骚扰。一位军官记录道，克里克人“遭到威逼、恐吓、强迫，因而意志消沉，认为自己在美国没有受到足够的保护……”

“斑点蛇”是一名克里克族人。在他漫长的一生中，他看到美国白人政府一次又一次欺骗、虐待印第安人。他在百余岁时讲述了白人如何背叛印第安人：

> 诸位同胞！我们那伟大的白人父亲的言论我已听过不少。他渡过广袤的海洋，初抵此地之时，不过是一个小小的人物……一丁点儿大。因为在大船里坐得久了，他的腿抽了筋，来向我们讨一小片土地生火……但是，这个白人用印第安人的火堆取暖，用印第安人的玉米糁儿充饥，就变得巨大无比。只消迈上一步，他就跨过了山岭，他的脚底板罩住了平原和山谷。他的手抓住东面的海和西面的海，他的头颅靠着月亮。于是乎他成了我们伟大的父亲。他爱他的红种人孩子，还说，“再往那边去点，别让我踩到你”。

一些孤注一掷的克里克人对白人拓荒者发动攻击，于是政府就宣布这场“战争”撕毁了协议。现在，美国军方可以强行把克里克人赶去西部了。士兵侵入克里克人的社区，逼着他们或两千，或三千地往西部迁移。政府应该为这些迁移的人供应食物、棚子和毛毯，但这一次还是没做到。克里克人乘着破败的旧船渡过密西西比河，上百号人因为饥饿和疾病死去。有一艘船*沉了，溺死300多名印第安人。

为自由而战

1835年12月，政府官员†责令佛罗里达的塞米诺尔人在会面地点集合并向西迁移。没人到场。塞米诺尔人已决定反抗。

他们开始向海岸沿线的白人定居点发动突袭，从定居点内部的藏身处迅速发起进攻。他们杀死白人、俘虏奴隶、毁坏财产。温菲尔德·斯科特（Winfield Scott）将军率领美国军队进军佛罗里达以对抗塞米诺尔人，但在那里他们一个人影也没找到。斯科特手下多达2/3的军官不堪淤泥、沼泽、气温和疾病的折磨，退出了军队。

这场战争‡持续了八年，耗资2000万美元，牺牲1500名美国人。但是在坐拥庞大资源的大国面前，塞米诺尔人不过是一股微末的力量。最终，在19世纪40年代，他们厌倦了战事。塞米诺尔人寻求休战，但遭到了拘捕。他们的领袖奥斯西奥拉（Osceola）死于狱中，战争画上了句号。

在佐治亚州，切罗基人并未诉诸暴力，而是用自己的方式反击。他们变成农夫、铁匠和木匠，尝试融入白人社会。他们成立了

---

* 指“蒙莫斯”号（Monmouth）。——译者注

† 指印第安代理人（Indian agent）威利·汤普森（Wiley Thompson）。——译者注

‡ 第二次塞米诺尔战争（Second Seminole War）。——译者注

管理委员会，欢迎基督教和白人传教士。塞阔雅酋长（Sequoyah）发明了切罗基文字后，切罗基人发行了一份英语－切罗基语的双语报纸*。然而，尽管切罗基人模仿学习白人社会，却并未打消白人对他们土地的觊觎。

佐治亚州通过了一系列法律，将切罗基人从他们的土地上赶走，并宣布部落政府、会议和报纸一概违法。任何鼓动他人不要迁移的印第安人将会锒铛入狱。白人传教士如果公开表示切罗基人应当获准继续留在这片土地上，同样也会受到刑罚，比如在狱中做四年苦工。

又一次，联邦政府找到了少数切罗基人，让他们背着大多数族人签下迁移条约†。又一次，政府派出军队强制执行条约。17000 名切罗基人被关进拘留营。1838 年 10 月 1 日，首批切罗基人踏上了那条后人所说的“血泪之路”。

在拘留营里、在严苛的西行路途中，4000 名切罗基人由于饥饿、干渴、疾病或寒冷而死。但是在 1838 年 12 月，当马丁·范布伦总统向国会汇报“切罗基族印第安人全体向密西西比河以西的新家迁移”时，他表示，国会迁移印第安人的决定带来了“最为令人欣慰的效果”。

---

* 《切罗基凤凰报》（*Cherokee Phoenix*）。——译者注

† 《新埃可塔条约》（Treaty of New Echota）。——译者注

切罗基书写语

菲利普·胡斯在他的大作《我们也在那！》中指出，为切罗基人带来书面语并想办法向部落长老证明书面语的重要性，这不是塞阔雅酋长一个人的功劳，还要算上他那年仅六岁的女儿安尤卡（Anyokah）。

最初，这对父女试着完整列出切罗基人口语中的每个发音，并为每个发音画一个符号。然后他们列出了口语中所有的音节。他们列出了大约 200 个，之后成功将其缩减成 86 个不同的音节，每个音节对应一个书面符号。

这时，安尤卡已经 10 岁了。那是 1821 年。塞阔雅和安尤卡骑马前往切罗基部落理事会，说明了自己的想法。最初，理事会成员捧腹不止，因为他们没有明白把说出来的话重新写下来有什么意义。于是，塞阔雅提议做一个测试。他会离开房间。部落理事会可以向安尤卡随便说些什么，她会记录下来。塞阔雅返回后，看过鹿皮上的记号就能讲出他们说过的话。这样的测试进行了多次。"刚开始几次，长老还说这只是运气。"胡斯写道，"但慢慢地，疑云散去后，随之而来的是激动之情。很快，成千上万的切罗基人就都想学习如何阅读。音节字母表使得切罗基语得以保存，也使得美国首份印第安报纸《切罗基凤凰报》的发行成为可能。很快，学童就开始学习如何用切罗基语和英语念书了。他们把这些字母叫作'说话的叶子'。"

来源：菲利普·胡斯，《我们也在那！美国历史上的年轻人》（*We Were Here, Too! Young People in US. History*），纽约：法拉·施特劳斯与吉鲁科斯出版社，2001 年。

第八章

美墨战争

“我连眯一下眼睛的机会都没有。”伊桑·艾伦·希契科克（Ethan Allen Hitchcock）在他1845年6月30日的日记中写道。希契科克是一名美国陆军上校，驻扎在路易斯安那州。他的司令官扎卡里·泰勒将军（Zachary Taylor）刚刚接到命令，要求他带着部下前往格兰德河（Rio Grande）河畔，这条河位于得克萨斯州的西南。希契科克知道这一举动将带来麻烦。

“暴力滋生暴力，”他写道，“如果我们的这次行动不会引发连锁反应、带来血战，那我就大错特错了。”希契科克并没有说错。泰勒向格兰德河的进军引发了一场血流成河的战争——这场战争为美国人从战败的墨西哥那里夺来了西部一片广袤的新领土。

昭昭天命

虽然杰斐逊在1803年收购了路易斯安那的土地，让美国大了几乎一倍，但是1845年的美国比起今天仍然要小得多。当时的美国边境是落基山脉。西南方是墨西哥，它刚于1821年从西班牙的统治下获得独立。

一开始，墨西哥的领土比如今要大得多。它包括了现在的得克萨斯州、新墨西哥州、犹他州、内华达州、亚利桑那州、加利福尼亚州以及科罗拉多州和怀俄明州的一部分。后来，在美国的协助下，得克萨斯州于1836年脱离了墨西哥，自称“孤星共和国”。1845年，美国国会将得克萨斯州并入美国。

那时，许多美国人都认为自己的国家应当向西面扩张，扩大版图。詹姆斯·波尔克总统就是其中一名扩张主义者。他向海军部长透露，自己任期的一个主要目标就是把加利福尼亚纳入美国版图。一份名为《华盛顿联合报》（*Washington Union*）的报纸用以下评论支持波尔克总统的想法：“前往加利福尼亚的道路将向我们敞开。谁能阻挡我们西进的脚步？”

很快，在1845年夏天，报纸编辑约翰·奥沙利文也写道：“我们的昭昭天命正是扩张到这片神赐的大陆的每一处，让年年倍增的千百万人自由发展。”奥沙利文的意思是，美国人可以占据整个北美大陆，不受任何束缚，因为天意如此。他所说的“昭昭天命”——显而易见的命运或目标——成了扩张主义分子的口号。

长久以来，墨西哥与美国均认定两国边界为距离格兰德河北部约241公里的努埃塞斯河（Nueces River）。但是，在得克萨斯争取脱离墨西哥、获得独立期间，得州人俘虏了墨西哥将军桑塔·安纳*，逼迫他承认边境是格兰德河。这扩大了得克萨斯的版图。之后，波尔克总统向得州人做出承诺，他会考虑将格兰德河作为美墨边境；但在当时，墨西哥人仍然居住在两条河流之间的区域。

所以，波尔克命令泰勒将军向格兰德河调动军队，这无异于在向墨西哥挑衅。派遣军队进入墨西哥人居住的土地势必引发冲突。但是，当军队到达格兰德河时，他们却发现村庄空空如也。当地的墨西哥人已经渡河逃向马塔莫罗斯（Matamoros）。泰勒着手建造要塞，将大炮对准了马塔莫罗斯。

1846 年春天，军队已准备好打响波尔克想要的这场战争。现在只差一个借口。于是，泰勒的一名军官在沿河骑马时失踪了。后来他被找到的时候，头骨被砸碎。每个人都认为是墨西哥的游击部队渡河杀死了他。就在第二天，墨西哥人袭击了一支巡逻部队，杀死了 16 名士兵。泰勒向波尔克捎去消息，表示战斗已经打响。

墨西哥人打响了战争的第一枪，但是他们的做法正中美国政府的下怀。伊桑·艾伦·希契科克上校明白这一点。在这些袭击尚未发生的时候，他就已在自己的日记中写道：

> 我一开始就说过，美国才是侵略的一方……我们没有任何权利来这里……政府似乎是有意派一小股部队挑起战争，这样就有借口夺取加利福尼亚，还可以恣意侵占这个国家的大块领土……我打心眼儿里反对这件事……但是身为军人，我必须执行命令。

---

* 安东尼奥·洛佩斯·德·桑塔·安纳（Antonio López de Santa Anna，1794—1876），墨西哥将军和独裁者。——译者注

美墨战争，1846 年

主战与反战

在尚未收到泰勒将军关于墨西哥人进攻的消息之前，波尔克总统就已经在催促国会宣战。泰勒的消息一到，波尔克就告诉国会说："墨西哥人已经越过边境犯我疆土，美国的国土上流下了美国人的鲜血……"

国会宣战了，只有少数议员投票反对。他们强烈反对蓄奴，同时认为战争不过是一个借口，为的是获取用作新的蓄奴州的领土。俄亥俄州众议员乔舒亚·吉丁斯（Joshua Giddings）称之为"一场侵略性、罪恶的、毫无正义可言的战争"。

许多美国人都为战争的消息欢欣鼓舞。他们在全国各个城市中集会支持，成千上万的国民自愿参军。诗人沃尔特·惠特曼在报纸上*骄傲地写道："美国知道如何破敌，也知道如何扩张！"

另一名诗人詹姆斯·拉塞尔·洛威尔（James Russell Lowell）则对这场战争持不同意见。他写了一首诗†，说这场战争唯一的理由就是"再夹几个蓄奴州"。马萨诸塞州的作家亨利·戴维·梭罗痛批这场战争。他因为拒付人头税而入狱，但只待了一夜。他被释放是因为他的朋友在未经他准许的情况下为他支付了税费。

两年后，梭罗写下一篇题为《论公民的不服从义务》（Civil Disobedience）的随笔。它谈论了法律与正义的区别，谈论了士兵有时候怎么会知道自己所服从的命令是错的：

---

* 指《布鲁克林鹰报》（*Brooklyn Eagle*），1846年5月11日刊。——译者注

† 洛威尔发表于《波士顿信使报》（*Boston Courier*）的这一系列讽刺诗后结集为《比格洛诗稿》（*The Biglow Papers*）。——译者注

法律并不让人正义，一丝一毫都不会，法律只是让人服从，所以，一个最善良的人，也可能因为严格遵守法律而成为不公的代言人。那么，对法律的绝对遵守一般会得到何种自然结果呢？你也许看见过一队士兵……整齐划一地行军，跨过高山，穿过溪流，奔向战场。这其实并不是他们内心的意愿，甚至有违常识和道德，所以，这是一种相当危险的行军……*

教会的许多成员和领袖都公开反对这场战争。几个月后，其他的声音也加入其中。记者霍勒斯·格里利（Horace Greeley）在《纽约论坛报》（*New York Tribune*）上评论称，这场战争毫无必要。废奴运动家弗雷德里克·道格拉斯（Frederick Douglass）原是一名奴隶，他称这场战争“可耻”而且“残酷”。支持废奴运动的报纸《解放者》（*The Liberator* ）的态度更为极端，它希望墨西哥人“大获全胜”。

普通百姓的态度呢？虽然不可能了解支持战争的普通人有多少，但有证据显示，有些工人反对这场战争。纽约市的一场反战集会上，有不少爱尔兰工人出席。他们称这场战争是奴隶主的阴谋。新英格兰工人协会也表达了对战争的反对。

起初的狂热退却之后，自愿入伍的浪潮也放缓了。为了有足够的士兵，军队只好出钱招募新兵。它还为服役至战争结束的志愿兵提供土地。

战争的血腥和恐怖让一些士兵震惊不已。比如，在马塔莫罗斯

* 译文来自《瓦尔登湖·论公民的不服从义务》，鲍荣、何栓鹏译，北京时代华文书局，2014年2月第1版。——译者注

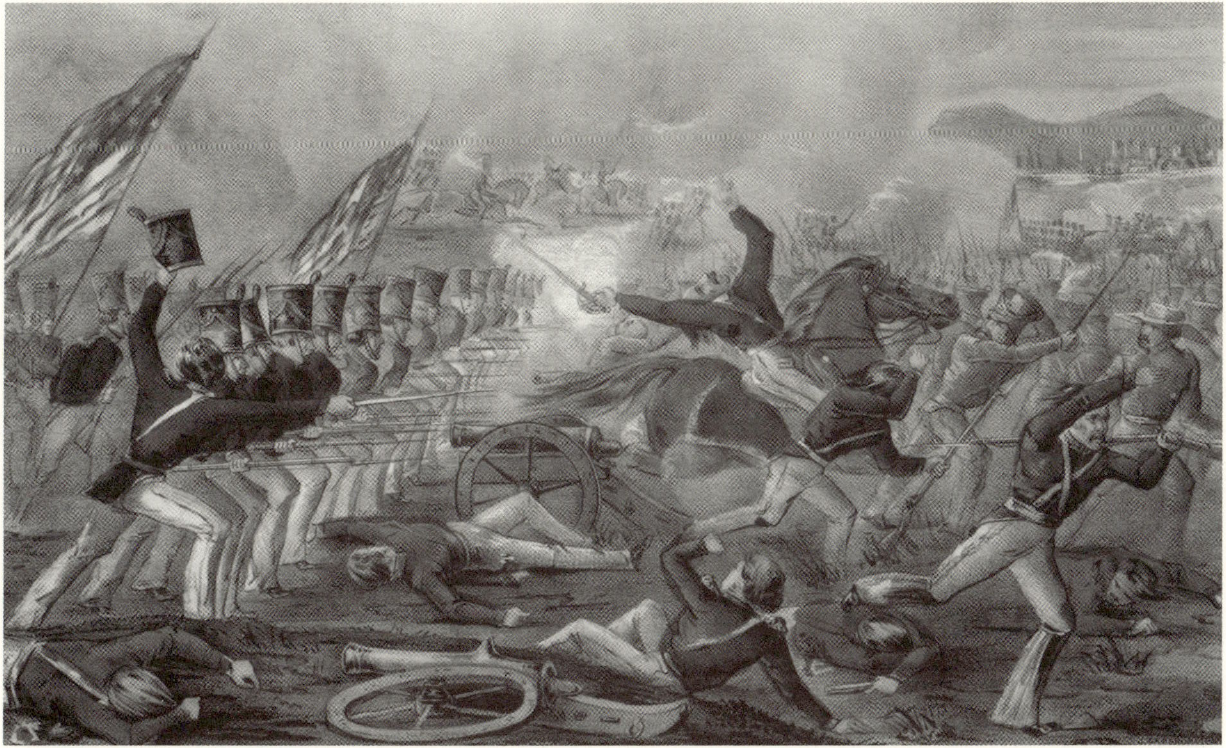

楚鲁巴斯科之役，1847 年

城外的一场战斗结束后，战场上留下了非死即伤的50名美国人和500名墨西哥人。双方幸存者的叫喊和呻吟声令人难以忍受。其他的一些新兵则在卫生条件恶劣的环境下（比如在载着他们奔赴前线的人满为患的战船中）染病而死。还有一些士兵为了更高的军饷投靠了墨西哥一方。

征服加利福尼亚

加利福尼亚进行着另一场战争。士兵沿陆路和海路进入加利福尼亚。西边的这块土地由美国获得后会发生什么，一名年轻的海军军官做出了想象，他在日记中写道："人们将涌入加利福尼亚这片沃土。"

美国人在加利福尼亚突袭西班牙人之前建造了墨西哥人定居点。他们偷盗马匹。他们还宣布这片土地是独立自治的，称之为"熊旗共和国"。

一名美国海军军官召集了加利福尼亚境内的印第安各部落酋长，告诉他们说：

> 你们居住的这块地方不再属于墨西哥，而是属于一个强大的国家，它的国土从这片你们所有人都看见过、听说过的大洋（太平洋），一直延伸到另一片在日出方向、千里之外的大洋（大西洋）……我们的军队已经进入墨西哥，很快就将征服整个国家。但是，你们不必怕我们，只要你们举止得当……只要你们忠于你们的新统治者……我们将守护你们、赋予你们真

正的自由；但我们也会注意警惕蛊惑民心、目无法纪和其他犯罪行为，为你们提供保护的军队自然也能做出惩罚，即便你们躲在最偏僻的角落也毫无用处。

与此同时，美国士兵向西行进，进入新墨西哥。他们不费一兵一卒就占领了圣塔菲城（Santa Fe）。但数月之后，附近陶斯城（Taos）的墨西哥人反抗美国人的统治。虽然叛乱得到镇压，但是一些叛军逃入山区。他们不时发动袭击，杀害美国人；最终，美国陆军在一场战斗 * 中杀死了150名叛军。

在洛杉矶同样爆发了叛乱。1846年9月，墨西哥人迫使美国军队投降 †。直到当年的12月，经过一场血腥的战斗 ‡，美国军方才重新夺回洛杉矶。

战胜墨西哥

此时，泰勒将军已经渡过格兰德河，拿下了马塔莫罗斯。他的部队正在继续南下，深入墨西哥。士兵越来越难管：酗酒、劫掠墨西哥村庄、犯下越来越多的强奸案。

同时，士兵因为疾病和炎热的天气而死去。有1000名士兵死

---

* 指1847年2月的陶斯普韦布洛围城战（Siege of Pueblo de Taos）。——译者注

† 指洛杉矶围城战（Siege of Los Angeles）。——译者注

‡ 指1847年1月的里约圣加布里埃尔战役（Battle of Rio San Gabriel），原文的12月疑为改编之误。——译者注

于行军途中。在蒙特雷*，他们和墨西哥人打了另一场战役†。不计其数的士兵和马匹死于沙场，一名美国军官因此表示，地面因为泡沫和鲜血变得湿滑，站都站不稳。

美国海军对墨西哥沿海城市维拉克鲁斯（Veracruz）发动炮袭，造成多名平民死亡。其中一枚炮弹击中邮局，另一枚击中医院。经过两天 1300 枚炮弹的轰炸，这座城市举起白旗。一名美国记者写道，“墨西哥人对死伤人数的统计虽然从 500 到 1000 不等，但是所有人都一致认同，军队的死伤人数相对较少，妇孺的死伤则极大”。

温菲尔德·斯科特将军命令 10000 大军进入墨西哥腹地，连续几场意义甚微的战役对双方都造成了数千人死亡。最终，两国军队为争夺对墨西哥城的控制权展开战斗。一名墨西哥商人在写给朋友的信中谈到美国人如何征服这座城市：“有些地方，整个街区都毁了，无数大人和小孩非死即伤。”

虽然军队取得了胜利，但美国士兵已经厌倦了行军打仗、出生入死。开小差是个问题。1847 年 3 月，军方称逃兵超过 1000 人。整场战争中的逃兵超过 9000 人。

在墨西哥北部，来自弗吉尼亚州、密西西比州和北卡罗来纳州的志愿兵发起哗变，反抗司令官。虽然司令官杀死了其中一名叛变者，但他手下的两名中尉拒绝帮他镇压哗变。后来为了息事宁人，军队没有处罚哗变的士兵。

胜利的荣耀属于总统和将领，与逃兵、死者和伤者毫无关系。许多人对那些害他们陷入绝境的带头人感到愤愤不平。马萨诸塞州

---

* 指墨西哥新莱昂州（Nuevo León）首府。——译者注

† 蒙特雷之役（Battle of Monterrey）。——译者注

志愿军（Massachusetts Volunteers）出征时有 630 名士兵。归来之时，300 人已经牺牲，大多死于疾病。在一场庆祝他们凯旋的宴会上，这些士兵向他们的指挥官发出了嘘声。

活着回来的志愿兵也没从军旅生涯中获得什么好处。政府之前虽然许诺给他们分地，但转眼间投机者就从他们那把地给买下了。许多人急着用钱，960 亩地只卖了不到 50 美元。

墨西哥人投降之后，一些美国人认为美国应该吞并整个国家。但是它只吞并了一半。

1848 年 2 月，墨西哥与美国签订了《瓜达卢佩—伊达尔戈条约》。条约规定，墨西哥将整个西南方和加利福尼亚割让给美国，同时规定，两国以格兰德河为界。相应地，美国同意赔偿 1500 万美元给墨西哥。这让人们说，美国的新领土是买来的，不是抢来的。一份美国报纸表示："我们从不靠征服夺得什么东西……感谢上帝！"

第九章

蓄奴与解放

美国政府支持蓄奴。随着南方经济发展，奴隶数量也增加了。在 1790 年到 1860 年期间，南方每年生产的棉花总量从 1000 吨攀升至 100 万吨。同一时期，奴隶的数量从 50 万人涨到了 400 万人。奴隶制根深蒂固，只有惊天动地的大事——比如一场全面战争——才能带来它的终结。

美国南部的奴隶制

美国政府于 1808 年规定输入奴隶是非法行为 *。在此之前，北方许多港口城市已从奴隶贸易中赚得利益。1808 年后，美国的奴

* 指《禁止奴隶进口法案》（Act Prohibiting Importation of Slaves）。——译者注

隶制应该仅限于处于奴隶状态的非洲人和他们的孩子。但是，由于对奴隶的需求非常大，因此违法是常有的事。历史学家约翰·霍普·富兰克林（John Hope Franklin）在他的《从奴役到自由》*（*From Slavery to Freedom*）一书中估计，1861年美国内战爆发之前，非法输入的奴隶达到25万人。

奴隶制是什么样的？也许只有亲身经历过的人才能给出答案。曾是奴隶的约翰·利特尔（John Little）这样写道：

> 他们说奴隶是幸福的，因为他们笑，他们开心。我自己和其他那么三四个人，戴着脚镣，白天要挨上200多记鞭子；但是到了晚上，我们唱歌跳舞，锁链叮叮当当，大家哈哈大笑。我们一定是快乐的人啊！我们这么干，是为了避免麻烦事，是为了让我们的心不至于粉碎：这可跟福音书一样千真万确！

绝望之下，一些奴隶发动叛乱。也许是美国历史上规模最大的叛乱发生于1811年的新奥尔良附近†。400～500名奴隶牵涉其中。美国军队和民兵对他们发动攻击，镇压了这场叛乱。1822年，一个名叫登马克·维西（Denmark Vesey）的自由黑人试图在南卡罗来纳州煽动叛乱，但是计划被当局发现，他和另外34人被吊死。之后，1831年夏，弗吉尼亚州一个叫纳特·特纳（Nat Turner）的奴隶率领大约70名奴隶袭击了多个种植园。他们至少杀死了55个男人、女人和小孩。弹药耗尽后，他们遭到逮捕。特纳和其他人被吊死。

---

* 《美国黑人史》，张冰姿译，商务印书馆，1988年。——译者注

† 史称1811年德国海岸起义（1811 German Coast uprising）。——译者注

其他的奴隶则采取逃跑的方式。19 世纪 50 年代，每年都有大约 1000 名奴隶逃往美国北方、加拿大或墨西哥。一位知名的逃亡奴隶哈莉特·塔布曼（Harriet Tubman）曾 19 次冒险返回实行奴隶制的地域，帮助奴隶通过“地下铁路”逃跑。她告诉他们说：“你不是自由就是死。”

白人有时候会帮助奴隶，这让当局感到担忧。有些人害怕穷苦白人会鼓励奴隶叛乱——不仅仅因为他们可怜奴隶的处境，还因为他们憎恨富有的种植园主，希望他们的财产被毁掉。嫁给南方种植园主的著名女演员范妮·肯布尔（Fanny Kemble）在日记中写道，佐治亚州建造运河时，黑奴和爱尔兰白人工人被分开。她说，爱尔兰人“热心待人、慷慨大方”，他们“也许真的会对奴隶产生同情”。

废奴运动

一些美国白人确实“对奴隶产生了同情”。他们被称为废奴主义者，因为他们呼吁废除奴隶制。他们勇敢地撰写报刊文章，发表反对奴隶制的演说。他们同时也帮助了很多奴隶通过“地下铁路”逃跑，这是一个秘密结社，结社成员通力合作，帮助逃奴抵达自由州，沿途为他们提供安全屋。不过，废奴运动的主心骨还是黑人废奴主义者。

1830 年，美国北方大约有 13 万名自由黑人。20 年后，这个数字为 20 万。他们许多人都致力解放南方奴隶。其中一人便是戴

“地下铁路”，1893 年

维·沃克（David Walker），他是一个奴隶的儿子，在波士顿出售旧衣服。他写了一本名为《沃克的吁请》（*Walker's Appeal*）的小册子，呼吁黑人为了自己的自由而斗争：

> 让我们的敌人继续大肆杀戮、举杯欢饮吧。切勿试图争取我们的自由和与生俱来的权利……除非你们能清晰地看见前方的道路——当那个时刻到来之时，你就应当行动，不要害怕、不要担忧……蒙上帝恩赐，我们（和白人一样）有一双眼睛、一双手、两条腿，也有脑子。他们没有权力奴役我们，正如我们没有权力奴役他们……"人人皆有得意之时。"白人的日子就要到头了。

《沃克的吁请》让南方的奴隶主大发雷霆，其中一人对戴维·沃克发布了悬赏，不论生死。1830年夏，沃克死在了自己的商店门口附近。

弗雷德里克·道格拉斯生而为奴，后学会读写，21岁时逃到美国北方。他撰写文章、发表演说，抨击奴隶制度，成了当时最著名的黑人。道格拉斯把"某一天成为自由人的信念"叫作"奴隶制的全部势力"也无法摧毁的一个梦想。

美墨战争后，美国政府将加利福尼亚州和其他加入合众国的新领土定为自由州。作为交换，政府必须为蓄奴州做点什么，于是通过了《1850年逃奴法》（Fugitive Slave Act of 1850）。该法案让奴隶主追回逃奴变得容易，即便奴隶逃入北方各州也无济于事。奴隶主不费什么力气就能把自由黑人抓起来，只需要宣称他们是逃奴。

北方的废奴主义者，无论是黑人还是白人，一概反对这项法案。国会通过法案两年后，一位名叫杰里的奴隶遭到逮捕、受到审判。民众涌入纽约州锡拉丘兹的法院将其释放。1852 年 7 月 4 日，弗雷德里克·道格拉斯发表演说，把奴隶制归为整个国家的耻辱，而不仅仅是南方的。他说道：

> 各位同胞：对美国奴隶来说，7 月 4 日是什么日子？要我说，这一天让他最为清楚明白地看到，自己一直以来遭到了多么严重的不公和虐待……此时此刻，地球上没有哪个民族比得过美利坚民族，他们犯下的罪行更令人震惊，血腥残暴。

美国政府一方面并未有力执行奴隶贸易终止法，另一方面却严格执行逃奴追缉法。安德鲁·杰克逊政府与南方通力合作，不让废奴主义者的报纸流入南方各州。1857 年，美国最高法院宣布，奴隶德雷德·斯科特（Dred Scott）虽然在自由州住了一段时间，但无权提起诉讼、要求自由，因为他是财产，不是人。

那届政府永远不会因为叛乱的发生而废除奴隶制。只有在白人掌控之下，只有在符合北方的商业及政治需求时，奴隶制才会终止。废除奴隶制的完美人选就是亚伯拉罕·林肯。

林肯深谙商业需求，并和新成立的共和党抱有同样的政治抱负。他说了一些要做好事的话，慷慨激昂地从道德角度批驳奴隶制。与此同时，他又在政界如履薄冰，担心废除奴隶制会引发新的问题。虽然林肯认为奴隶制是错的，但是他并不认为黑人能和白人平起平坐。他认为，最好解放掉所有奴隶，把他们全部送回非洲。

内战与奴隶制

把持北方经济的精英阶层、银行家和商人希望扩大自己的经济结构，他们想要闲置土地、自由劳动力和优待制造商的税收。林肯和他们想法相同。但是南方的种植园主认为，林肯和共和党人将断送他们那舒适优渥的生活。所以，当林肯于 1860 年秋天当选总统时，七个南方州脱离了联邦。当林肯试图强行夺回北卡罗来纳州的萨姆特堡（Fort Sumter）时，又有四个州退出联邦。南方成立了“联盟国”，美国内战由此爆发。

废奴主义者敦促林肯解放南方的奴隶。但是林肯明确指出，他并非为了解放奴隶而诉诸战争——他的目标是将南方重新纳入合众国。在写给废奴主义者兼记者霍勒斯·格里利的一封信中，林肯写道：

> 我在此次斗争中的首要任务是挽救合众国，而这与是否终结奴隶制并无关联。如果不需要解放奴隶就能挽救合众国，那么我会去做的；如果解放所有的奴隶能够挽救合众国，那么我也会去做的。

但是随着战事吃紧，北方越来越想赢下这场战争，于是林肯采取行动反对奴隶制。1862 年 9 月，他给南方各州下达了四个月内停战的通牒，警告他们，如果不加入合众国这一边，那么他就会解放所有奴隶。战争并未停止。1863 年 1 月，林肯签署了《解放黑人奴隶宣言》，解放了联盟国领土上的所有奴隶。两年后，在内战结束前，国会通过了宪法第 13 修正案，废除了美国的奴隶制。

这些改变在各方各面都影响了非裔美国人——却不全是好的。黑人被允许加入合众国军队后，这场战争看起来更像黑人解放战争了。白人受难越深重，他们对黑人的怨恨就越深刻。最为愤怒的当属参军的穷苦白人。富人花 300 美元可以免除兵役。这可是一大笔钱。那时候，熟练工人（比如木匠）平均一天才挣两美元，生手赚得更少。1863 年，北方城市爆发征兵暴乱，白人把矛头直指身边的黑人，造成了一系列暴力和死亡事件。在军队和北方城市里，黑人士兵受到的对待也说明，自由也许并不会带来认同或真正的平等。黑人士兵分到的活是最肮脏、最辛苦的；不在当班时，白人偶尔还会在大街上攻击他们。

美国内战是当时历史上伤亡最为惨重的战争之一。3000 万人口中，共有 60 万人死亡。1864 年底，南方军队大势已去。兵力不足——不过奴隶还有 400 万。联盟国一些领导人谈到让奴隶也参军，一名大为震惊的将军 * 写道："如果奴隶能成为好士兵，那我们整个奴隶制就都错了。" 1865 年 3 月，联盟国总统杰斐逊·戴维斯签署法案，允许黑人加入南方军队。但是法律还没来得及生效，战争就结束了。南方战败，奴隶得知自己自由了。

解放而无自由

内战结束多年后，在 1865 年尚为孩童的非裔美国人回忆起解

---

* 指豪厄尔·科布（Howell Cobb）。——译者注

放的消息给奴隶带来了多少泪水、歌颂与希望。那是热烈庆祝的一刻，是新的黎明到来的时刻。但许多黑人知道，自己战后的地位所依赖的不是宣布他们自由地位的一纸法令，而是他们能否拥有土地，是否还需要为别人做工。

南方的大部分土地不是落回到南方邦联各大家族手里，就是被北方的土地投机商和投资人买走。黑人买不起多少土地。原奴隶托马斯·霍尔（Thomas Hall）说："林肯因解放了我们而受到赞扬，但他真的做到了吗？"霍尔认为，林肯为奴隶带来了自由，却没有带来自力更生的机会。被解放的奴隶仍然是白人的附庸，必须为他们做工才能生存。

美国政府同蓄奴州的斗争并非为了终结奴隶制，而是为了保持对南方广袤领土、丰富资源和庞大市场的控制。不过，奴隶制的终结还是把新势力带入了政界。其中一股势力就是关心种族平等的白人。他们有些人来到南方，要么教书，要么为自由民管理局（Freedmen's Bureau）工作，这个由政府设立的机构旨在为获得解放的奴隶提供援助。第二股势力是决意赋予自己的自由以实际意义的黑人。第三股势力是共和党：它想要控制政府，而南方黑人的选票能帮上忙。北方商人认为共和党的计划对他们有利，所以在一段时间内与他们合作。

这些势力在内战结束后带来了这样一段时期，它虽然并不长，但南方黑人行使投票权，将黑人选入州立法机构以及美国的参众两院，而免费的、种族混杂的教育也得以实施。新法律保护黑人免遭歧视，为他们提供平等权利的保障。但是，由于黑人要靠白人才有工作，所以他们的选票会被买下，或者因为受到暴力威胁而被夺走。

在南方，战争才刚刚结束，白人针对黑人的暴力事件就层出不穷。1866 年 5 月，在田纳西州孟菲斯，白人杀死了 46 名非裔美国人，烧毁了 100 多座房屋、教堂和学校。白人恐怖组织（如 3K 党）策划各类袭击、毒打、私刑处决，种族暴力丝毫不减。1867 年到 1871 年，仅肯塔基州就发生了 116 起种族暴力事件。

19 世纪 70 年代，种族暴力事件的增多让美国政府不再那么用心保护黑人。黑人的选票支持和一个由白人掌管、因而接受共和党领导的稳定南方，北方政客开始权衡两者利弊。尽管黑人在法律上仍是自由身，但他们必将重新陷入与奴役相差无几的境地，只不过是时间问题罢了。

1877 年，共和党领导人为了让拉瑟福德·海斯当选总统，做了一项交易：为了拿到足够的选举人票，他们同意将合众国军队撤出南方。对南方黑人最后的武装保护就这样撤销了。而随着南方各州通过各项法案，削弱黑人的平等地位，对他们的法律保护也摇摇欲坠。19 世纪末，允许种族隔离的法案得到了最高法院的首肯 *。只有一位名叫约翰·哈伦（John Harlan）的大法官（原是奴隶主）反对种族隔离，他说："我们的宪法无视肤色差异……"

南方的经济已然崩塌，所以需要钱。北方的银行家和投资商与南方的精英阶层组成了一个新联盟。他们大谈一个有着煤矿与铁矿、商业繁荣、铁路密布的"新南方"。原奴隶则被从这个图景中抹去。到 1900 年，南方诸州都已通过法案，取消了非裔美国人的选举权和其他平等权利。

---

* 指最高法院于1896年在普莱西诉弗格森案（Plessy v. Ferguson）中做出的裁决。——译者注

美国黑人在这段低谷期中，明白自己遭到了背叛。有些人逃离了南方，希望摆脱暴力与贫穷。在每年多达 100 起私刑处死事件面前，留下的那些黑人为了自卫而组织起来。托马斯·福琼*是《纽约环球报》（*New York Globe*）的一名年轻的黑人编辑，他对国会说："射击黑人的白人总能免受惩罚，偷猪的黑人却要戴上镣铐服十年苦役。"

W. E. B. 杜波依斯是在亚特兰大大学教书的黑人，他将非裔美国人遭到的背叛看作正在全国境内发生的一件大事的一小部分。他说，穷苦的白人和黑人都在遭受政客和大公司的压榨和利用。白人只不过因为有选举权，所以不觉得自己受到压榨。但是杜波依斯说，"全面的资本专政"限制了他们选票的效力。他所谈论的这个经济体系叫作资本主义，在这一制度下，不是国家，而是个人或企业拥有农场与工厂、制定价格、在市场中彼此竞争，最终积累财富。

杜波依斯说对了吗？美国资本主义的发展是否意味着，白人和黑人在某种程度上都在沦为奴隶？

---

* 蒂莫西·托马斯·福琼（Timothy Thomas Fortune）。——译者注

第十章

另一场内战

南方与北方之间的战争并不是 19 世纪美国国内的唯一一场冲突，另一场战争——阶级斗争——也在进行之中。这场斗争往往不被教科书提及。相反地，教科书可能让这段历史显得像是共和党和民主党的冲突，即便这两个政党代表的都是掌控这个国家大部分权力的阶级。

杰克逊式民主的“神话”

于 1828 年当选为总统的安德鲁·杰克逊表示，他代表的是“社会中的卑微成员”——工人和农民。当然，他并不代表被逐出自己土地的印第安人，也不代表遭到奴役的非裔美国人。但是，政府需要在白人中获得广泛的支持，而“杰克逊式民主”正是为了赢取这方面的支持。

这让普通百姓相信，政府中有为自己说话的人，政府是关照他们利益的。它伪装成代表中下阶层发声，以在政府需要的时候获得他们的支持。让人民有两个政党可选，允许他们选择一个稍稍更民主的政党，这是一个控制他们的好办法。两个政党的领袖都清楚，要想保持对社会的掌控，需要发动改革，满足人民的部分要求——不能太多。

此时，美国的发展日新月异、激动人心。它正在转变为一个城市化国家。1790 年，居住在城市里的美国人不足 100 万。1840 年，这一数字达到了 1100 万。仅纽约市一处地方，人口就从 1820 年的 13 万飙升至 1860 年的 100 万。

许多城市人口都生活在极度贫困之中。费城的工人阶级家庭挤在廉租公寓里，一户人家只有一个房间，没有饮用水和马桶。在纽约，穷人睡在大街上的垃圾旁。贫民窟里没有污水管，脏水流入其中，导致致死疾病暴发。

不能靠这些极度贫困人口支持政府。他们跟奴隶和印第安人没什么区别——大部分时间是看不见的，但是如果发动暴乱，将令精英阶层胆战心惊。但是其他的居民或许会拥护体制。拥有土地的农场主、工资较高的蓝领和城市白领，这些人拿到的工钱刚刚够、受到的安抚也刚刚好，在危机来临之际，他们会忠于体制，忠于控制这个体制的上层阶级。

大买卖

19 世纪的美国，商业蓬勃发展。西部在运河、铁路及电报的帮助下得到开发。铁犁和机械收割机等新设备提升了农业生产力。但是，经济并不是为满足人类需求而得到计划或管理的，相反，对它的驱动来自对私人利润的追求。它在繁荣期（增长与兴旺的时期）与衰退期（萧条与失业的时期）之间更迭。

为了稳定生意、减小竞争，公司合并。比如说，多家铁路公司合并组成了纽约中央铁路。各家公司也会一同制定提供给公众的商品和服务的价格，从而控制市场竞争。除此之外，政府也在帮他们的忙。19 世纪 50 年代，仅仅七年时间，州政府和联邦政府就为铁路公司提供了约 10 万平方公里的土地和数百万贷款。

内战前夕，管理这个国家的那批人最关心的是金钱与利益，而不是废奴运动。一位名叫西奥多·帕克（Theodore Parker）的牧师对他的会众说："金钱乃本国如今的无上权威。"

但是，为控制政治、经济而做出的努力并没有真正奏效。穷人时不时地向拥挤不堪的城市、向工厂里操作新机器的漫长的工作时间、向高昂的物价、向丢掉的工作、向疾病、向环境恶劣的廉租公寓发泄愤怒。1827 年，在一次技工（手艺工人和行业工人）的集会上，一名年轻人道出了谋生何其艰难、工人又如何任由老板摆布：

> 我们发现自己在各方各面都遭到了压迫——我们拼命工作，制造了供他人享受舒适生活的所有设施，然而我们自己得到的不过是少得可怜的一份，而且在当今社会，能不能拿到还要看

老板的心情。

有时候会突然发生针对富人的无组织骚乱。有时候怒火会发泄在黑人、天主教徒或移民身上。还有的时候，穷人会利用自己的怒火，组织示威和罢工，反抗控制着经济的银行家、土地投机者、地主和商人。

工人联合起来

1829 年，费城的工人举办了美国首个城市工人群体大会。苏格兰政治思想家、女权活动家弗朗西丝·赖特（Frances Wright）受邀发表演讲。赖特发起质问称，革命战争是否“为了压垮贵国产业界的儿女”？她想知道，新式的工业机器是否贬低了人力劳动的价值，让人们沦为机器的奴隶，摧残着童工的身心？

随着工人组织到一起，为争取更高的薪水和更好的工作环境，工会开始形成。1835 年，来自 50 个不同行业的工人，包括装订业工人和家具业工人在内，在费城成立了工会。他们拒绝工作，除非每天的工时下调至 10 小时。他们的罢工成功了。

法院对工会发起反击，将他们定性为损害商业的违法阴谋集团。纽约一家法院裁定裁缝“阴谋集团”赔付罚款，这使得 72 000 人在市政大厅前集会示威，抵制法庭判决。散布于城内的一张传单上写着：

弗朗西丝·赖特，1825 年

富人压迫穷人！

各位技工和工人：你们的自由遭到了严重的威胁！……他们已经确定……劳动人民无权决定劳动报酬，或者说，富人是决定穷人需求的唯一评判员。

后来，纽约州的农民和工人成立了平等权利党（Equal Rights Party）*，选出他们自己的候选人争取政界要职。

1837 年的经济危机导致物价、油价和房租飙升。纽约市 1/3 的工人——约五万人没有工作。平等权利党组织了一场大型集会，最终转变为骚乱，群众洗劫了一家装满面粉和小麦的商店。

费城的劳工运动起初进展顺利。但是，纺织业两个工人群体（出生于美国的新教教徒与爱尔兰天主教移民）的宗教矛盾激化，劳工运动也随之瓦解。

爱尔兰人为了逃离自己国家的饥荒而来到美国，那里流行的一种植物疾病导致马铃薯失收。这些新移民身无分文、遭到歧视，对美国黑奴所处的困境没什么同情心。实际上，大多数工人阶级活动家并不理睬非裔美国人。埃利·穆尔（Ely Moore）是纽约工会领导人，后进入国会，他就反对废奴。工人阶级对上层阶级的挫败感很容易转化为种族主义。

1850 年，美国的劳动人口达到了 825 万。这些人中的大多数仍从事农业工作，无论是自由人还是奴隶。出门做工的妇女有 50 万。她们大多数都是佣人。其他人在工厂做工（尤其是纺织厂和布料

* 这里指的是摩擦火柴党（Locofocos）。——译者注

厂）。女性教师约有 5.5 万。

纺织女工在劳工运动中尤为活跃。马萨诸塞州洛威尔的工厂女工和女童工多次发起罢工，希望改善工作条件。其中一次罢工旨在将每日工时从 13.5 小时缩短到 11 小时。另一次罢工使年仅 11 岁的抗议者哈里特·汉森*加入了罢工抗议行列：

> 当我房间里的女孩子站在那犹豫不决的时候……我开始觉得她们说了那么多话，却还是不会出去的；我急了，开始往外走，带着孩子气逞强地说："我才不关心你们要怎么做呢，不管有没有人出去，反正我都要去抗议。"于是我就毅然走出了门，其他人在后面跟着。我回过头来一看，身后的队伍很长很长，那是我人生中最骄傲的一刻……

童工发起了新泽西州帕特森的第一次工厂罢工。工厂把他们的午餐时间从正午延迟到下午一点，这让童工丢下手头的工作，出门抗议。他们的父母也为他们加油助威。其他的工人也加入了罢工，这场罢工最终持续了 10 天之久。

马萨诸塞州林恩的鞋匠在 1857 年经济危机中陷入艰难的处境。许多人丢掉了工作，其他人遭到了减薪。鞋匠发起罢工，罢工最终扩散到 25 个镇，持续了好几个月。最终，工厂厂主提高了薪水，让工人回到岗位上去，但他们拒绝承认工会。工人对抗雇主仍然只能靠个人。

---

* 哈里特·汉森·鲁滨逊（Harriet Hanson Robinson）。——译者注

内战期间，北方的工人需要为食品和其他生活必需品付出高价，但他们的工资却被压得很低。罢工抗议席卷了全国。1863 年，一份报纸 * 刊登了一篇题为《纽约革命》的文章，罗列出了罢工、抗议和劳工活动。穷人内心潜伏的怒火爆发了。

北方的白人工人对这场战争不温不火，它似乎是为黑奴或资本家发动的。他们认为，这场战争不过是在为新的富人阶层带来利益。在合众国军队的威压之下，他们的罢工没了动静。

另一个矛盾源头是合众国军队的征兵制度。富人掏 300 美元就可以免去兵役。穷人没有选择，只能上战场赌命。纽约和其他城市都有征兵暴动发生。穷人和工人把矛头对准了很多人：富人、黑人还有共和党人。激动的群众捣毁了工厂和富人的住宅。他们还烧毁了一家黑人孤儿院，在街上杀死非裔美国人。军队只好介入以恢复秩序。

南方也有自己的阶级矛盾。数百万的南方白人不过是穷苦的农夫，没有奴隶。他们有些人的生活境况比奴隶好不了多少。和北方一样，穷人入伍上前线，富人出钱免兵役；和北方一样，征兵暴动也时有发生。

统治与叛乱

在战争的炮火声中，国会和林肯通过了一系列法案，满足商业需

---

* 指《芬彻商业评论》（*Fincher's Trades' Review*）。——译者注

求。《莫里尔关税法》(Morrill Tariff)让外国商品变贵了。这导致美国的制造商也提高了自己产品的价格，所以消费者需要付更多的钱。《劳工合同法》(Contract Labor Law)允许雇主雇佣外国劳工，他们的来美旅费用做工偿清。这些廉价的劳动力同时也是“工贼”——他们接手罢工抗议的工会工人的工作。法律还赋予工厂厂主没收他人财产的权利，另外一些法律还将农民的土地给了铁路及运河公司。

州法律和联邦法律甚至连保护工人的样子都没做。它们几乎没有健康法和安全法。已经颁布的法律也不实施。当时一座工厂倒塌，导致 88 名工人死亡；即便有证据表明工厂厂主知道工厂建筑承受不住内部的重型机器，法院却还是宣判厂主无罪。

内战结束后，士兵从战场上返回，寻找工作。他们发现，妇女已在战时加入了劳动大军。她们不再只是纺织工或者裁缝，还成了雪茄制造工人和印刷工人。她们有些人有自己的工会，黑人工人也建立了自己的工会。

1873 年，又一场经济危机席卷全国。接连的萧条期使小型企业难以为继，为工人带来了饥饿、寒冷与死亡，而富人平安无事，甚至变得更加富有。

19 世纪 70 年代，经济萧条未见好转。数以万计的国民丢掉了自己的工作，甚至还有房子。许多人在乡间游荡，寻觅食物。绝望的人们想要到欧洲或者南美洲去。失业工人举办群众大会，要求政府施以救济。

1877 年，美国深陷经济萧条的泥潭，一系列的铁路工人罢工令全国震惊。西弗吉尼亚州马丁斯堡的铁路工人发起罢工，抗议削减薪水和导致死亡与伤残事故的危险工作条件。他们关停了铁路交通。

虽然联邦军队又让火车跑了起来，但是在巴尔的摩，支持罢工者的市民包围了国民警卫队的军械库，朝士兵投掷石块。士兵开枪予以回应，杀死了 10 名男子和男童。火车站发生了一场激烈的战斗，群众捣毁了一辆火车头。

铁路工人暴动蔓延至匹兹堡。军队杀死了 10 名群众，整个城市因此怒不可遏。数千群众洗劫了货物车厢。全城上下尽是大火与打斗。罢工与骚乱蔓延至宾夕法尼亚州的雷丁、芝加哥、圣路易斯*和纽约。当局迅速采取暴力措施予以应对。

在芝加哥，一群年轻人关停了铁路、木料场和工厂，呼吁工人发起罢工；警方发动了攻击。“一开始，警棍敲打头颅的声音令人作呕，后来就习惯了，”一篇报纸文章写道，“一声敲击大概对应一名骚乱者，因为他们全倒在地上”。在纽约一次和平的劳工集会上，演讲人说道：“我们穷人可能什么东西都没有，但我们有言论自由，谁也不能从我们这夺走。”于是警方手持警棍发起了冲锋。

1877 年的铁路大罢工导致全美大半铁路停摆。罢工一共造成了 100 人死亡，1000 人入狱；参与罢工的工人有 10 万之多，城市里无数的失业人口也奋起反抗。

铁路公司给了工人一些好处，他们同时也加强了自己的安保力量。真正的改变并没有发生。正如非裔美国人已经知道的，自己没有足够的力量让解放的美好承诺得以兑现，工人也认识到，自己不够团结、不够强大，无法战胜私人财富与政府权力的联合。然而，他们将继续斗争下去。

* 密苏里州城市。——译者注

第十一章

强盗资本家与反叛分子

从美国内战到 1900 年这段时间，蒸汽和电力取代了人类的体力劳动。美国建造了共计约 31 万公里长的铁路。诸如电报、电话和打字机等新工具加快了商业活动的节奏。石油和煤炭为工厂机器提供动力、为城市的街道和房屋提供电力。让这一切成为可能的正是发明家和企业家。

进步需要劳动力。大多数工作都由移民完成，他们以前所未有的速度涌入美国——19 世纪 80 年代共有 550 万移民，90 年代共有 400 万移民。抵达美国东海岸的移民大多来自东欧和南欧。在西海岸，中国移民在 1880 年占加利福尼亚州人口的一成。新来的中国人和犹太人成了种族攻击的对象，这攻击有时候来自早先的移民群体，比如爱尔兰人。

针对移民的暴力可能是谋杀性质的。1885 年，在怀俄明州的罗克斯普林，白人杀害了 28 名中国移民。早些时候，作家布勒特 · 哈

托马斯 · 爱迪生与他的留声机，19 世纪 80 年代

特（Bret Harte）为纪念在加利福尼亚州遇害的中国人李万（音译），写下这段话：

> 尊敬的各位朋友，亡矣，亡矣。公元 1869 年，在旧金山的街头，他被一群羽毛未丰的男孩和基督教学校的学童用乱石砸死。

人类历史上最迅猛的经济发展发生在 19 世纪晚期的美国。其生产的财富犹如金字塔。支撑的阶层，即建造并顶起金字塔的，是工人：黑人、白人、中国移民和欧洲移民以及妇女。身处顶端的则是美国的新任千万富翁。

富者愈富

有些千万富翁白手起家。他们那些“从一贫如洗到家财万贯”的故事可以让广大穷苦工人相信，他们有一天同样也能享受荣华富贵。但是，这些千万富翁中的绝大多数人来自中上阶层的家庭。那些最终登上整个时代财富之巅的人——J. P. 摩根、约翰·洛克菲勒、安德鲁·卡耐基、詹姆斯·梅隆* 和杰伊·古尔德（Jay Gould）——在内战期间可以花钱让人替代自己而免服兵役。梅隆的父亲一度写信告诉他：“很多人的命都比你贱。”

---

* 指詹姆斯·罗斯·梅隆（James Ross Mellon）。——译者注

这些人和其他人在政府及法院的帮助下，积累了巨大财富。有时候他们需要为这种帮助付钱。比如，托马斯·爱迪生就对新泽西州的官员许下承诺，如果他们能通过法案照顾他的商业利益，那么每人就能拿到 1 000 美元。

历史书往往把首条横贯大陆的铁路称为美国的一大成就。它是两家铁路公司用鲜血、汗水、权术及偷盗筑成的。中央太平洋铁路始于西海岸，往东建造。为了得到免费的土地和贷款，它在华盛顿特区用 20 万美元贿赂官员，而付给爱尔兰和中国工人的日薪仅为 1 美元到 2 美元。联合太平洋铁路始于内布拉斯加州，往西建造。为了避免遭到调查，它将公司股份低价卖给国会议员，贿赂他们。成百上千的工人死于严寒酷暑，死于保卫自己遭到入侵土地的印第安人的攻击。

洛克菲勒之所以能在新兴的石油行业大发横财，一部分原因就在于他和铁路公司的秘密交易。他承诺，如果铁路公司在运费上给他打折，那么他就找他们运输石油。这项协定为他省下了钱，于是他能够低价出售石油，从而把竞争对手挤出这个行业。他收购了这些公司，形成垄断——一个行业的大部分甚至全部业务都由一家公司控制。

19 世纪晚期的这些效率高超的企业家有时被称为“强盗资本家”（robber baron）。他们很有权势，就像中世纪的男爵（baron），而他们的财富大多来自贪得无厌的坑蒙拐骗。在一个又一个行业中，他们抬高价格、压低工资、打压竞争、勾结政府、寻求对他们有利的法律和税收，从而打造了一个又一个帝国。政府表面上行事中立，但是在实际操作中则为富人利益服务。它的目标在于调解上层阶级的内部纠纷、保持对下层阶级的控制、维护经济体制的稳定。

格罗弗·克利夫兰于1884年当选总统，这就表明了美国是如何运转的。当时的很多人认为，还是民主党党员的克利夫兰反对垄断企业与大公司的强大权势。但是克利夫兰对产业巨头许下承诺："任何商业利益都不会受到侵犯……只要我是总统。"在他当选后，克利夫兰证明自己关心富人胜过穷人。旱灾期间，虽然国库资金充裕，但是他却否决了10万美元的拨款议案*，而这本是让得克萨斯州农场主用来买种子的。同一年，克利夫兰以高于面值的价格向富人回购政府债券——这份大礼为富人带来了4500万美元的回报。

抗议之声

一些政治家试图限制公司的权力。为了打破垄断，参议员约翰·谢尔曼（John Sherman）提出《谢尔曼反托拉斯法》，于1877年由国会通过。谢尔曼担心，如果不进行改革，那么反对大公司权势的人们就可能受到来自欧洲的新式政治思想吸引。

其中一种思想是社会主义——在这种经济体制中，政府或者全体人民拥有生产资料，比如，农场、矿井和工厂。对它们的经营是为了所有人的利益，而非私人利润。第二种思想共产主义走得更远：废除个人财产和以财产为基础的阶级差异。在共产主义社会中，一切商品为所有人所有，人人按需取用。第三种新式政治思想是无政府主义，它认为政府本身是多余的，甚至是错误的。

---

* 1887年的《得克萨斯州种子议案》（*Texas Seed Bill*）。——译者注

《哈珀周刊》描绘 1892 年霍姆斯特德罢工的插图

《谢尔曼反托拉斯法》旨在为资本主义制度提供恰到好处的改革，以防社会主义或共产主义思想俘获工人和穷人。但是，这项法律出台还不到 20 年，最高法院对其的解读就令它变得无足轻重*。与此同时，最高法院却为公司提供了更多保护。这些决定使财富聚拢在金字塔顶端。1893 年，最高法院法官戴维·J. 布鲁尔（David J. Brewer）说道："社会财富聚集在少数人手中，这是亘古不变的法则……"

教会、学校、企业和政府试图控制人民的思想，教导人们社会运转良好：贫穷只是个人失败的标志；富人的富有理所当然；资本主义体制既合理又正当。

不是所有人都接受这种看法。一些人已准备好严厉批判体制，或者想象出其他的生活方式。其中一位就是亨利·乔治（Henry George），他是费城一位自学成才的工人，后来成了记者兼经济学家。他于 1879 年出版的《进步与贫困》（*Progress and Poverty*）† 得到了全世界人们的阅读。乔治提议，对土地（他认为的财富的基础）征税将为政府带来足以解决贫困问题的资金。作家兼律师爱德华·贝拉米（Edward Bellamy）出版了一本关于 2000 年生活的小说，名为《回顾》（*Looking Backward*）‡。在贝拉米对未来充满希望的想象中，未来是社会主义社会，人与人之间不再钩心斗角，而是在合作中工作、生活。

在 19 世纪 80 年代和 90 年代，大型工农运动席卷整个美国。它们

---

* 指的是美国最高法院1895年在糖业托拉斯案（Sugar Trust Case）中做出的裁决：炼糖垄断属于生产垄断而非商业垄断，因此不在《谢尔曼反托拉斯法》的影响范围内。——译者注

† 吴良健、王翼龙译，商务印书馆，1995年。——译者注

‡ 林天斗、张自谋译，商务印书馆，1997年。——译者注

的规模超过了早年那些零散的罢工抗议。它们是全国性运动，足以威胁到精英阶层的统治。革命组织在城市里成立，革命言论广为传播。

1883 年，无政府主义者在匹兹堡举行大会。会议起草了一份宣言，呼吁“不分性别与种族，人人都享有平等的权利”。它引用了 1848 年《共产主义宣言》中的话语：“全世界无产者，联合起来！你们失去的只是锁链，而你们获得的将是整个世界！”

干草市场事件

1886 年，现存体制与新式思想发生了冲突。美国劳工联合会（American Federation of Labor）当时成立已有五年，它号召在全国范围内，对拒绝将每日工时缩短至八小时的雇主发起罢工抵抗。来自多达 11 500 家公司的大约 35 万名雇工参与了罢工。

仅在芝加哥就有四万人参加罢工（另外 4.5 万人因工时获得缩减而没有参加罢工）。在一家工厂外，工人和他们的支持者与工贼发生了争斗——工贼指那些替代罢工工人做工的人。警察向人群开火，打死了四名示威者。在那之后，无政府主义者兼劳工领袖奥古斯特·斯皮斯（August Spies）发放传单，号召工人武装起来对抗老板。其他的无政府主义者在干草市场举行的一次群众集会上，向大约 4000 名听众做演讲。这是一次和平集会。但是，警方抵达广场后，要求群众散去。就在这时，一枚炸弹爆炸，造成 66 名警员受伤，七名警员死亡。警方开火，射伤了 200 人，打死了好几个人。

没有证据显示究竟是谁扔出炸弹。当局逮捕了斯皮斯和其他七名无政府主义者，控告他们鼓动谋杀。在伊利诺伊州的法律下，这与犯下谋杀罪行并无二致。证明这八人有罪的证据是他们的想法和文章，而不是他们的行为。八人只有其中一人当时在干草市场。但是，陪审团裁定八人全部有罪，七人被判以死刑。（四人被吊死，一人在临刑前自杀身亡，其他三人最终得到赦免并被释放。）

世界人民对这残酷的判决表达了抗议。在芝加哥，2.5 万人发动了游行抗议。年复一年，全国上下都举行纪念大会，怀念这几位干草市场的先烈。有些人正是因为干草市场事件大受震惊，才采取了政治行动。

平民主义的崛起与衰落

干草市场事件的处刑并未阻挡劳工运动的脚步。1886 年成了人所共知的“劳工大起义之年”。南方的甘蔗种植园中，工会成立、工人罢工。路易斯安那州的两名黑人罢工领袖遭到逮捕，随后人间蒸发，这引发了罢工者与国民警卫队之间的枪战。新奥尔良一份由非裔美国人创办的报纸对发生在蒂博的这一暴力事件进行了报道：

> 跛腿的男人与盲眼的女人被射伤；孩童和白发苍苍的老者被粗暴地推到地上！黑人没有反抗，因为根本没有机会，他们完全没有预料到这场屠杀。未被杀死的人逃进树林……美国公民遭到由州法官指使的暴徒的杀害……劳动人民希望上调工资，竟被当作狗一样对待！

几年后，田纳西州的煤矿工人发动罢工。矿主找来服刑犯做工，于是矿工强行占领了煤矿。在宾夕法尼亚州的霍姆斯特德，安德鲁·卡耐基的钢铁工厂工人也发起了罢工。州长派出自卫队限制罢工，工厂调用破坏罢工者继续生产钢铁。两个月后，罢工行动失败。

1893年，美国遭遇了彼时最大的经济危机。这场危机持续了数年之久，引发了一连串的罢工。铁路工人的一场罢工声势最为浩大、暴力程度最为严重。它使一名叫尤金·德布斯（Eugene Debs）的工人成了终身的工会运动者与社会主义者。德布斯因为支持这场罢工而遭到逮捕。两年后他写道：

> 这是一个社会主义与资本主义对抗的问题。我支持社会主义，因为我站在人性这一边。金钱统治祸害我们的时间已经够久的了。金钱不是文明的正当基础。是时候革新社会了——我们身处世界性变革的前夜。

和工人一样，农场主也在蒙受苦难。农场机器价格和作物的铁路运费不断上升，可农产品的价格却下跌了。许多农场主无力偿清账单，因而失去了农场。

农场主开始成立类似于工会的组织相互帮助。他们合伙购买商品，因为这样买入价更低，他们又努力使支持农业的法律通过。其中的一个组织是农场主联盟（Farmers Alliance），它促生了一个名为“平民主义”（“民有的”政经信仰及活动）的新运动。它提倡农场主通力合作，打造属于自己的制度（比如，针对作物损失的低价保险）和政党。

大体而言，平民主义者反对垄断企业（又被称为托拉斯）和资本主义。他们想让政府控制铁路运费和银行的利率，避免它们攫取巨大利润。但是，平民主义者内部并未对种族问题达成一致。一些黑人和白人提倡种族联合，认为所有的贫苦农业从业者都面临同样的困境，自然应该同舟共济。但是在其他的白人平民主义者中间，种族主义根深蒂固；除此之外，还有很多人认为种族问题的重要性根本比不上经济体制问题。许多平民主义者还对新来的移民报以鄙视。他们尤其反对从东欧、南欧和亚洲迁入的移民。

最终，平民主义运动未能将黑人与白人、农场主与城市工人联合到一起。有一些打着平民主义者或人民党旗号的候选人竞选政界职位，但在各个城市中，平民主义者为了增加选举的胜算，往往与民主党站到了一起。但是，赢下大多数选举的并不是心系革命的农场主，而是政治商人。最终，平民主义运动消失在民主党的茫茫宦海之中。

1896年总统大选中，企业和媒体都为共和党候选人威廉·麦金莱站台。这是首次投入大量金钱的选举，而麦金莱最终获胜。他和许多政客一样，利用爱国主义情怀淹没阶级矛盾。“这个国家每个地方的人民都愿意为我们的国旗、为我们这面荣耀的星条旗奉献自己，这一点让我非常高兴。”他说道。随后麦金莱就表示，他认为金钱和爱国主义同样重要、同样神圣。他补充道：“正如这个国家的人民维护国旗的光荣，他们抱着同样的虔诚之心，要维护这个国家的经济光荣。”

第十二章

美利坚帝国

“应该说我欢迎任何战争，因为我认为这个国家需要打一场仗。”这些话出自西奥多·罗斯福 1897 年写给朋友的一封信，他日后当选为美国总统。为什么他会觉得这个国家需要一场战争呢？

也许战争可以消耗人民投身罢工抗议等反叛行为的一部分精力，也许战争可以联合全国人民、动用武装力量对抗外国敌人。还有一个理由，那就是经济方面的考虑。

威廉·麦金莱当选总统前曾说：“我们需要能接受我们过剩商品的国外市场。”1897 年，印第安纳州参议员艾伯特·贝弗里奇（Albert Beveridge）做出了清楚的解释。他说：

> 美国工厂的产品美国人民已经用不完了；美国大地的产出物已经用不过来。天意已为我们指明了方针方向：世界贸易必须、应当由我们主宰。

这些政界人士和其他一些人认为，美国必须让其他国家打开接受美国产品的大门——即便这些市场并没有多少购买的兴趣。如果工厂和农场能够把它们多余的产品销往海外，那么美国公司就能继续赚钱，兴许就能避开19世纪90年代那些引发阶级战争的经济危机。

战争可能不是精英统治阶层预先设计好的。相反，它是在两股力量下自然产生的：资本主义与民族主义。资本主义渴望更多的市场；民族主义则让美国人民认为祖国有权力，甚至有义务，扩张自身并影响他国事务。

帝国的滋味

将美国的势力扩张到海外并不是一个新鲜的想法。美墨战争就已经将美国的影响带到了太平洋。在那之前，1823年，总统詹姆斯·门罗发表了《门罗宣言》。这份宣言明确指出，整个西半球——包括北美洲、中美洲和南美洲——的政治事务都与美国有利害关系。它警告欧洲各国不要干涉美洲诸国。

但是，美国不认为自己不能插手其他国家的事务。在1798年到1895年期间，美国将军队派往其他国家或积极干预他国事务，共计103次。比如，在19世纪50年代，美国海军就用军舰强迫日本开放口岸与美国通商。

19世纪末，许多军方人士、政治家和商人都支持进一步参与外国事务。《华盛顿邮报》一位作者说道：

一种从前没有过的意识——对实力的意识——似乎进入了我们的脑海，随之而来的是新的欲望，展现我们实力的欲望……人们将尝到帝国的滋味……

美西战争

如果加入国际冲突看起来是在做好事的话，美国人民可能会比较乐意，比如，帮助某国人民推翻外国统治。邻近佛罗里达州的古巴岛就是这种情况。几个世纪以来，古巴都处于西班牙的殖民统治之下。1895 年，古巴人民起义反抗西班牙的统治。

有些美国人认为，美国应该帮助古巴人，因为他们在为自由而战，和美国独立战争中的殖民地居民没有区别。美国政府更关心的则是，西班牙人倘若被赶了出去，谁控制古巴。

种族是一个因素，古巴既有黑人又有白人。格罗弗·克利夫兰政府担心，古巴叛军的胜利将带来“一个黑白混杂的共和国”。当时尚年轻的、母亲为美国人的大英帝国建设者温斯顿·丘吉尔抱有同样的看法。1896 年，他在一篇杂志文章中写道，虽然西班牙在古巴的统治昏庸无能，而叛军得到了古巴人民的支持，但是西班牙人继续掌权是更好的结果。万一叛军赢得战争，那么古巴可能会成为“另一个黑人共和国”。丘吉尔警告称，古巴可能会变得和海地一样，后者正是由黑人统治的首个美洲国家。

正当美国人争论是否要加入发生在古巴的战争时，古巴首都哈瓦那的一场港口爆炸炸沉了美国的“缅因”号军舰。这艘军舰被派

在摆脱西班牙的独立战争中的古巴战士，1898 年

往古巴，原是用来申明美国在该地区的利益。虽然没有任何证据说明爆炸起因，但“缅因”号这一损失让麦金莱总统以及美国转向了战争的方向。显然，不和西班牙打一仗，美国没办法让他们撤出古巴。同样明显的是，不把部队派往这个岛屿，美国没办法在古巴取得军事和经济利益。

1898 年 4 月，麦金莱请国会宣战。很快，美军就向古巴进发了。美西战争已经开启。

时任美国国务卿约翰·海斯后来将这场战争叫作一场“绝妙的小规模战争”。西班牙军队三个月就被打败了。美国士兵死亡人数接近 5500 人：死于战场的只有 379 人，其他人死于疾病和其他原因。其中一个死因显然是美国肉类加工商供应军队的腐肉。

和西班牙开战的古巴叛军呢？美国军方装作他们根本不存在。西班牙投降的时候，古巴人被禁止谈论投降，也不能在和约上签字。美国掌管了一切。投降仪式后，美国军队留在了古巴。很快，美国人接管了铁路、矿产和甘蔗种植园，美国资本也进入了这座岛屿。

美国向古巴人民表示，他们可以自行制定宪法、组建政府。美国还告诉他们，美国军队不会离开这座岛屿，除非古巴的新宪法写入一条名为普拉特修正案的美国法律。这条法律赋予美国权力，使它基本可以随时介入古巴事务。1901 年，伦纳德·伍德（Leonard Wood）将军向西奥多·罗斯福解释说：“当然了，根据普拉特修正案，留给古巴的独立性很少，甚至可以说没有了。”

许多美国人觉得，普拉特修正案是对古巴独立的背叛。不仅是激进者（社会主义者及其他持有极端或革命性观点的人），连主流报纸和公民组织也发起了批判。其中一个批判普拉特修正案的组织就是反帝国主义联盟（American Anti-Imperialist League）。联盟的奠基人之一是哈佛大学的哲学家威廉·詹姆斯（William James），他反对美国的帝国主义及干涉他国事务的倾向。但是，古巴人最终别无选择：要想成立自己的政府，那么只能同意接受普拉特修正案。

菲律宾的起义与种族主义

美国并未吞并古巴，没有将其纳入自己的版图，但是美西战争却导致了美国吞并其他原来受西班牙控制的领土，其中之一就是与古巴邻接的岛国波多黎各。美国此前已经从夏威夷女王的手中夺得夏威夷群岛，而美西战争又让它控制了太平洋其他一些岛屿：威克岛、关岛以及菲律宾群岛。

是否应该接管菲律宾，这在美国人中间展开了激烈的讨论。据传，麦金莱总统曾向一群来访的牧师说明自己如何做出决定兼并菲律宾。他在寻求引导的祷告过程中，确信“我们没有选择，只能收下他们全部的国土，为菲律宾人提供教育，激励他们、教化他们、让他们皈依基督教……然后我就上了床，睡了觉，睡得很香”。

然而，菲律宾人可没有从上帝那里得到接受美国统治的旨意。相反，他们于1899年2月发动起义抵抗美国，正如他们此前数次抵抗西班牙那样。

帝国的滋味就在全美国的政治家和商人嘴边，他们一致同意美国应该继续控制它的新领土。他们谈论金钱，夹杂着谈论命运和文明。“菲律宾永远是我们的，”参议员贝弗里奇告诉美国参议院，“菲律宾上面就是中国那广阔无垠的市场。我们同样不会从那里撤出。”

美国花了三年时间才击败菲律宾起义军。这是一场艰苦的战争。美军死亡人数比在古巴更多。而对菲律宾人来说，战斗和疾病造成的死亡率都非常高。

麦金莱说，当叛军进攻美国军队的时候，与叛军的战斗就开始了。后来，美国士兵做证表示，先开枪的是美国人。

著名美国作家马克·吐温抱着厌恶之情对菲律宾战争做出了如下总结：

> 我们平定了成千上万的岛民，埋葬了他们，毁了他们的土地，烧了他们的村庄，让他们的寡妇和孤儿流离失所……于是，上帝保佑——这话是政府说的，不是我说的——我们成了世界强国。

反帝国主义联盟让美国公众了解菲律宾战争的可怕之处以及帝国主义的种种邪恶。它公布了在菲律宾服役的士兵寄回的信件。有报道称士兵杀死了当地妇孺与战争俘虏。一名叫威廉·富布赖特（William Fulbright）的黑人士兵从菲律宾马尼拉寄来的信件中写道：“这场在群岛上发生的战争全然是一个为了掠夺与压迫的巨大阴谋。”

和在古巴一样，种族在菲律宾也是一个问题。有些美国白人士兵信奉种族主义，认为菲律宾人是次等人。在菲律宾的美国黑人士兵则情绪复杂。有些人感到自豪，想要证明黑人和白人一样勇敢、一样热爱祖国。有些人想获得在军队出人头地的机会。但是其他人觉得，自己参与的是一场针对有色人种的残酷战争，与美国国内针对黑人的暴行没什么区别：在佛罗里达州的坦帕，喝醉的白人士兵把一个黑人小孩当活靶子练枪，引发了种族暴动。

美国国内的许多非裔美国人反对菲律宾战争，他们认为这是一场白色人种想要征服棕色人种的种族冲突。他们在国内同样与不公正做斗争。马萨诸塞州一群非裔美国人给麦金莱总统写了一封信，批评他在种族平等方面毫无作为。

在整个 19 世纪中，美国黑人、妇女、工人和穷人在压迫面前发出了更大的呼声。许多人找到了各种方法，抵抗一个对他们视而不见的政治经济体制。在接下来的这个世纪中，他们将自主发动变革。

第二部

从阶级斗争到反恐战争

第十三章

阶级斗争

随着20世纪的到来，美国国内民怨四起。这时的美国刚刚赢下美西战争。无政府主义者、女权主义者爱玛·戈德曼（Emma Goldman）后来追忆在古巴和菲律宾发生的战争如何让人民充满爱国之情：

> 我们心中对残暴的西班牙人的怒火熊熊燃烧！……但是随着硝烟散去，死者下葬，战争的代价便加到民众头上，体现在上涨的物价和房租之中——换句话说，我们从爱国主义的激情中清醒了过来——这时我们突然发现，美西战争的起因不过是食糖价格……美国人民的生命、鲜血与金钱，这一切都被用来保护美国资本家的利益。

一些著名的美国作家公开支持社会主义，激烈批判资本主义制

爱玛 · 戈德曼与亚历山大 · 贝克曼（Alexander Berkman），1918 年

度。杰克·伦敦于1906年发表的小说《铁蹄》(*The Iron Heel*)展望了社会主义大同世界。同年，厄普顿·辛克莱出版《屠场》(*The Jungle*)，主人公梦想建立社会主义国家。《屠场》还揭露了芝加哥肉类加工厂里令人震惊的卫生条件，使其得到全国关注。这本书出版之后，政府通过了多项法律以对该行业展开管理。

“扒粪者”加重了民众对体制的不满。这些文字工作者挖掘企业、政府和整个社会中的不端和不公行为，透过报纸、杂志和书籍向全世界揭露出来。比如说，艾达·塔贝尔(Ida Tarbell)报道了标准石油公司是怎么做生意的。林肯·斯蒂芬斯(Lincoln Steffens)则揭露了美国城市中的政治腐败。

血汗工厂与“沃布利斯”

企业千方百计提高产量和利润，而其中一个方法就是把制作流程分解成一系列简单工作。一件家具不再只由一名工人制作完成；相反，每个工人只是重复制作流程中的一个环节。于是，这名工人就一直在做同样一件事情——也许是钻孔，也许是喷胶水。这样一来，企业就可以雇佣不那么熟练的工人了。工人就像他们照管的机器，人人都可取代彼此，个体性与人性不复存在。

在纽约市，许多移民进入被称为“血汗工厂”的服装厂做工。“血汗工厂”的工作条件很差，工人拿到的工钱很少。工钱的计算标准是缝好的衣服件数，而不是工作时长。很多人在家里做这种计件工作。

三角内衣工厂是纽约五百家“血汗工厂”之一。1909年冬，该工厂女工罢工抗议。两万名工人加入她们的行列。其中一名抗议者保利娜·纽曼（Pauline Newman）后来回忆起当时的情景。“成千上万的人走出工厂，从四面八方涌出，”她写道，“那是 11 月，寒冬就要来临，而我们没有保暖的毛皮外套；可尽管如此，意志还是驱使着我们不断前进、前进……”

罢工在警察、工贼和逮捕的压力下仍然持续了数月。虽然工人的一部分要求得到了满足，但是工厂环境并没有什么改变。1911 年 3 月，三角内衣工厂发生了火灾。熊熊大火波及的楼层太高，消防队的梯子够不到。工作间房门被雇主违法锁上，因此雇工（大多是年轻女工）就被困在了里面。有些人从窗户跳了下去，其他人则被烧死。大火最终夺去了 146 人的生命。10 万纽约居民发起游行，纪念这场悲剧。

虽然工会运动高涨，但是最大的工会——美国劳工联合会（American Federation of Labor，简称 AFL）无法代表全体工人。联合会的成员基本上是清一色的白人男性熟练工人。黑人被排除在外。1910 年，虽然妇女占劳动人口的 1/5，但加入工会的女工比例只有 1/100。除此之外，AFL 的官员似乎变得和工厂老板差不了多少。他们雇打手做自己的保镖，而这些人负责殴打批判官员的工会成员。

渴望剧烈变革的劳动人民需要新的工会。1905 年，在芝加哥一次无政府主义者、社会主义者及工会主义者聚首的大会上，这样一个工会成立了。它叫作世界产业工人联盟（Industrial Workers of the World，简称 IWW），旨在团结所有行业的全体工人，组成一个不分性别、种族与技能的“一体化大型工会”。

IWW 又被叫作“沃布利斯”，但这么称呼的原因不明。“沃布利斯”的成员英勇无畏，敢于硬碰硬。1909 年，他们在宾夕法尼亚州针对美国钢铁公司发动罢工。州警卫队介入，想要遏制抗议活动。IWW 发誓，每死一个罢工者就会死一个警卫队员。一场枪战中，三名警卫队员和四名罢工者死亡，但是罢工行动没有停止，直到取得胜利。

启发 IWW 的是一股在西班牙、意大利和法国得以发展的新思想。这就是无政府工团主义（anarcho-syndicalism），它认为工人不必发动武装暴动夺取对政府的控制，只要令经济体制陷入停滞，就能夺取国家政权。令经济体制陷入停滞的方法则是借助共同的目标，联合所有行业的全部工人发动全面罢工。

IWW 成立后，经过振奋人心的十年，对美国的资本家阶级构成了威胁。虽然这个联盟任一时期的成员人数都不曾超过 10 000 人，但他们善于组织罢工抗议，对美国影响巨大。IWW 的组织者跑遍美国，他们中很多人没有工作，或是以流动工人的身份四处奔走。他们引吭高歌、激情演讲，宣扬他们的思想与决心。

IWW 的组织者遭到殴打、囚禁甚至谋杀。把组织者乔·希尔（Joe Hill）牵扯进去的一宗刑事案件就获得了全世界的关注。希尔是一位歌词作家，他那些滑稽讽刺、但又鼓舞人心的歌词让他成了一个传奇。举个例子，《传教士与奴隶》就涉及 IWW 最热衷的一个攻击对象：教会。教会似乎往往无视穷人和工人阶级实实在在的苦难：

> 聪明的牧师每晚给我们解惑，
> 告诉我们要分清是非与对错；
> 可要是请他们弄点吃的东西，

三角内衣工厂大火遇难者的遗体被放置在人行道上的棺材里，1911 年

他们的嗓音就变得格外仁慈：
“天国之地充满荣耀，
你在那里很快就能吃到；
干活、祈祷、干草吃得勤，
死后就能领到天上的馅饼*。”

1915年，希尔被控在犹他州盐湖城实施抢劫并杀死一名杂货店店主。没有直接证据显示他犯下谋杀，但让陪审团判他有罪的证据倒是够了。10万民众上书犹他州州长抗议判决，但是乔·希尔仍被行刑队处决。受刑前，他写信给IWW的另一名领袖比尔·海伍德（Bill Haywood）说：“不要浪费时间哀悼。行动起来！”

社会主义、性别与种族

劳工斗争势头高涨。19世纪90年代，一年内差不多有1 000起罢工。1904年，一年内的罢工达到4000起。成千上万的美国人在看到法律和军方一次次站在富人一方后，开始考虑社会主义。

社会主义此时已传入美国，主要集中在城市里、犹太人和德国人移民的圈子中。不过经过一段时间后，它传播到了整个美国。多达100万美国人阅读社会主义报纸。

1901年，美国社会党成立。尤金·德布斯（Eugene Debs）是

* “天上的馅饼（pie in the sky）”在英语中意为“空中楼阁、不大可能实现的允诺”。——译者注

该党发言人，他此前曾因参加罢工被捕入狱，后成为社会主义者。对德布斯来说，工会组织比罢工和涨薪重要得多。它的目标是“推翻生产手段私有的资本主义制度……实现全体工人阶级，实际上也是全人类的自由”。

德布斯曾五次以社会党候选人的身份竞选总统。他所在政党的成员一度达到 10 万。社会党在俄克拉何马州的组织势力最大，超过 100 名社会党人在政府中担任职位。

20 世纪初，活跃于女权运动的有些女权主义者同时也是社会主义者。她们针对一些富有挑战性的问题展开辩论：如果经济体制得到改革，那么妇女就能在社会中获得完全平等的地位吗？为剧烈社会变革而奋斗与在现存体制下争取权利，哪个才是更好的选择？比起社会变革，很多妇女更关心的是选举权。在一次气氛融洽的会议上，女权主义者苏珊·B. 安东尼（Susan B. Anthony）对社会党领袖尤金·德布斯说：“给我们选举权，我们就给你们社会主义。”德布斯回答说：“给我们社会主义，我们就给你们选举权。”

包括海伦·凯勒在内的社会主义者则认为单纯的选举权还不够。凯勒是失聪的盲人，她靠着坚强的意志与不倦的笔头争取社会变革。她于 1911 年写道：“我们的民主制度有名无实。我们可以投票？这有什么意义？……我们不过是在叮叮当当兄弟*中间选一个而已。”

黑人妇女则由于种族和性别面临双重压迫。1912 年，一位黑人女护士在给报社的一封信中写道：

---

* 《爱丽丝漫游仙境》中的人物。——译者注

在南方，我们这些挣工资的可怜黑人女人在打一场严峻的战役……一方面，我们遭到黑人男人的攻击，而他们本该是我们天生的保护者；另一方面，在厨房里、在洗衣盆旁、在缝纫机前、在婴儿车后、在烫衣板边，我们不过是驮马、役畜和奴隶！

对非裔美国人来说，20 世纪早期这段时间是一个低谷期，每周都有私刑处死事件发生，而得克萨斯州布朗斯维尔和佐治亚州亚特兰大虽然发生了残忍的种族暴动，可政府却毫无作为。

黑人开始组织起来。1905 年，W. E. B. 杜波依斯———一位支持社会主义者的备受尊敬的教师兼作家——号召黑人领袖在加拿大尼亚加拉瀑布附近召开大会。这就是“尼亚加拉运动”的发端。5 年后，伊利诺伊州斯普林菲尔德发生种族暴动，这导致了美国全国有色人种协进会（National Association for the Advancement of Colored People ，缩写为 NAACP）的建立。这一新组织主要由白人领导，而杜波依斯是其中唯一的黑人领导者。NAACP 关注的是采取教育和法律手段终结种族主义，而杜波依斯代表的是尼亚加拉运动强大的行动主义精神。

进步运动及科罗拉多州煤矿罢工事件

黑人、女权主义者、工会组织者和社会主义者打心底清楚，联邦政府靠不住。但是，历史书却给 20 世纪早期冠以“进步时代”的名号。确实，这段时期发生了许多改革——但改革发生得不情不愿——它们的目的不是给社会带来根本变化，而是平息人民暴动。

这个时期之所以被称作“进步的”，是因为通过了许多新法律。肉类质量检查、铁路管理、遏制垄断增长与国内食物药品安全等相关法律陆续出台。劳工法律对工资和工时都做出了规定。工作场所安全检查和雇工工伤赔付得以实施。美国宪法也得到了修正，现在的参议员直接由人民选出，而不再由州议会选出。

普通百姓的确因这些改革受益。然而，对于佃农、工厂工人、贫民窟居民、矿工、农场劳工和劳动人民（不论男女、种族）等广大群体来说，基本情况并未改变。

政府仍然奋力捍卫一个使上层阶级得利的体制。比如说，西奥多·罗斯福有个响亮的外号“托拉斯破坏者”，即反对垄断企业。但是，他和在亿万富翁 J. P. 摩根手下办事的两个人曾做过秘密交易，并保证“托拉斯破坏行动”不会走得太远。罗斯福的智囊团成员都是实业家和银行家，而不是工会主义者和工人。

进步运动的领导者中，有些人是真正的改革者，其他人则跟罗斯福一样，只是打着进步派的幌子。事实上，他们是保守派分子，反对改革、只关心维护现有财富权力的平衡。两类进步派分子都以抵制社会主义为己任：他们认为，改善大众的生活条件就能消除进步派分子口中的“社会主义威胁”。

社会党势力壮大起来。1910 年，维克托·伯格尔（Victor Berger）成为首位当选美国国会议员的社会党人。1911 年，有 73 名社会党人担任市长一职，在各个城镇政府供职的社会党人则有 1200 人。报纸上谈论着“席卷而来的社会主义浪潮”。

进步派分子的目标是通过修正资本主义最糟糕的问题，从而挽救它。他们认为，这样一来就能够结束掉日益尖锐的阶级战争，工人也不再会反抗政治经济领域的精英阶层。但是，1913 年 9 月，科罗拉多州煤矿爆发工人罢工，它发展成为这场阶级战争中最为激烈残酷的一场战役。

由于一名工会组织者惨遭杀害，1.1 万名矿工发起罢工。煤矿拥有者洛克菲勒家族派出配有机关枪的密探突袭罢工者的营地。罢工者奋力反抗，阻止工贼进入煤矿，不让煤矿继续生产。当州长发动国民警卫队镇压抗议的时候，付给警卫队成员工资的正是洛克菲勒家族。

暴力冲突、背叛和屠杀随之而来。1914 年 4 月，人们在一个坑中发现了 13 名妇孺的尸体，他们正是被国民警卫队成员放火烧死的。消息传遍全国，各地爆发罢工抗议、游行示威。伍德罗 · 威尔逊总统最后动用了联邦军队，镇压罢工。此时已有 66 名成人和小孩丧生。没有任何一名士兵或煤矿守卫遭到起诉。

科罗拉多州的激烈阶级冲突令全国上下都感同身受。无论进行了什么改革，无论法典上新增了什么法律，阶级暴动的威胁依然挥之不去，更何况失业率上升，时世越发艰难。

对国家的热爱和对军队的忠心还能掩盖阶级斗争吗？这个国家很快就会知道答案。四个月后，第一次世界大战将在欧洲爆发。

第十四章

第一次世界大战

1914 年夏末，欧洲诸国开战。我们现在称之为第一次世界大战，它将持续四年之久。将有 1000 万人死于战场，此外还有 2000 万人将死于战争带来的饥荒和疾病。迄今没有任何人能够证明，这场大战为人类带来的好处抵得过哪怕一条鲜活的生命。

当时，社会主义者把第一次世界大战称为“帝国主义战争”——一场为打造帝国而进行的战争，一场由企图侵占领土、控制资源从而壮大势力的国家参与的战争。欧洲先进的资本主义国家在边境地区展开争夺战，比如，法国和德国都声称自己拥有对阿尔萨斯－洛林地区的主权。他们也为争夺非洲殖民地而战。他们还为“势力范围”而战，这些东欧和中东地区虽然没有被正式当作殖民地，但仍然处于某些欧洲国家的“保护”和控制之下。

鲜血与金钱

虽然参战的国家有很多，但主要的对战双方是德国和以法国及英国为首的协约国。伤亡来得很快，而且规模极大。在法国境内发生的一次早期战役，对战双方的伤亡人数均超过 50 万。开战仅三个月，英国战前的陆军就几乎全数被消灭。

战线横贯在法国境内，三年内几乎没有移动。士兵在污秽肮脏、充满病菌的壕沟里一待就是好几个月。双方军队推进、后撤、再度推进几米或几公里，堆起如山的尸体。1916 年，德国人尝试在凡尔登打开战线缺口，英、法两国实施反击，损失了 60 万士兵。

法国和英国的民众没有被告知确切的死伤人数。战争最后一年，德国对索姆河的进攻造成了 30 万英军伤亡，而伦敦的报纸却对读者说："振作起来……写信鼓励前线的朋友。"

同样的事情发生在德国——战争的恐怖真相对人民瞒而不报。在成千士兵被机关枪和炮弹化为齑粉的日子里，官方的战情报告上写着"西线无战事"。德国作家埃里希·玛丽亚·雷马克后来给自己那部伟大的战争小说起名时，就用了这个说法。

而美国进入这个死亡与欺骗的陷阱是在 1917 年。

此前，伍德罗·威尔逊总统承诺美国不会参战。但是北大西洋的航运问题将美国卷入战争。

1915 年，德国潜艇的鱼雷击沉了英国邮轮"卢西塔尼亚"号，它从北美出发，目的地是英国。约有 1200 人死亡，包括 124 名美国人在内。美国政府表示，搭载"卢西塔尼亚"号的是平民旅客，货物中也不含违禁品，德国人的攻击是惨无人道的暴行。可事实上，

"卢西塔尼亚"号全副武装。它装载着为英国人准备的弹药箱，不计其数。伪造的货物清单隐瞒了这个事实，英美两国政府对货物撒了谎。之后，1917 年 4 月，德国政府发出警告称，他们的潜艇将击沉所有为他们敌人提供补给的船只。这一警告也针对美国，美国此前已为德国的敌人输送了大量战争物资。

欧洲的这场大战有利于美国商业。1914 年，美国遭遇了严重的经济衰退，但美国人开始制造战争物资并出售给协约国（主要是英国）后，经济得以回暖。至德国人发出航运警告的时候，美国已经为协约国提供了价值 20 亿美元的货品。美国的繁荣昌盛现在与英格兰战事有了密切的关系。威尔逊总统表示，他必须捍卫美国人乘坐商船在战区航行的权利；国会向德国宣战。

威尔逊把它叫作"结束一切战争、为世界带来民主和平"的战争。这些充满激情的话语可没有唤起美国人的参军热情。征兵目标为 100 万人，但六周过后，仅征得 7.3 万名志愿兵。国会批准了义务兵役草案，并设立公共情报委员会（Committee on Public Information），旨在让民众相信这是一场正义战争。

激进的回应

政府想要压制对战争的异见和批判，于是通过了《间谍法》。法案的名称让人以为这是一项反间谍的法律，但是法律中的条文规定，拒绝为军队服役或劝说他人不要入伍的人最高将面临 20 年监禁。这项法律被用来关押发表反战言论及文章的美国人。

《间谍法》使大约 900 人入狱，其中一名是费城的社会主义者查尔斯·申克（Charles Schenck）。《间谍法》颁布两个月后，申克因印刷并分发 1.5 万份反对征兵和战争的传单而被判入狱。他不服判决、提起上诉，认为这一法律违反了宪法第一修正案中关于言论自由和出版自由的规定。案子由最高法院受理。

尤金·V. 德布斯在俄亥俄州的坎顿演讲，1918 年

所有九名大法官达成了一致，最高法院裁定申克败诉。大法官奥利弗·温德尔·霍姆斯（Oliver Wendell Holmes）表示，即便严格保护言论自由，也“不会保护一个在剧院里发出不实火情警报而引发恐慌的人”。这可是个精明的类比。在拥挤的剧院中大喊“着火了”造成危险的恐慌，不会有多少人认为可以宽恕这种行为。但是这个例子与批评战争有可比性吗？

社会主义者尤金·德布斯也被卷入了一起闹到最高法院的案子。他造访了三名因为反对征兵而入狱的社会主义者，之后在大街上发表了激情高昂的反战演说：

> 他们说，我们生活在一个伟大的自由的共和国；我们的机构是民主的；我们是一个自由、自治的民族。这可太夸张了，连玩笑也算不上……历史上战争的目的不外乎征服和掠夺……简单来说，这就是战争。宣战的总是统治阶级，参战的总是被统治阶级……

德布斯因违反《间谍法》而被捕。他在审判中说：“我因为阻挠战争而遭到起诉。我对这一点供认不讳。各位先生，我厌恶战争。”相应地，法官严厉批判了“那些趁祖国抵御外国恶势力之时拍掉她手中利剑的人”。他判处德布斯10年有期徒刑。（数年后，第一次世界大战结束，沃伦·哈定总统释放了狱中的德布斯。）

媒体助力政府营造社会氛围，震慑所有胆敢批评战争的人。一份出版物鼓励读者上交所有他们认为具有煽动性的出版材料。人们加入美国警卫巡逻队（American Vigilante Patrol），从而“终结街头的煽动性演讲”，换句话说就是禁止反战演说。美国邮局取消了刊登反战文章的报纸杂志的邮寄优惠权（mailing privileges）。公共情报委员会试图把民众变成针对彼此的间谍和告密者，敦促民众“向司法部举报散播悲观言论的人”。

司法部在 600 个城镇为美国保卫同盟（American Protective League）提供资助。这个同盟的成员都是银行家和顶尖商人，他们截获他人信件、闯入住宅和办公室，宣称破获了 300 万起“对国家不忠”的案件。1918 年，美国司法部长表示：“完全可以说，这个国家得到的巡查是史无前例的。”

为什么要花这么大力气呢？因为美国民众不想卷入第一次世界大战。佐治亚州参议员托马斯·哈德威克（Thomas Hardwick）称“成千上万的民众普遍反对……通过征兵法”。战争结束前，超过 33 万人被认定为逃避征兵——他们拒绝参加征兵，有的靠要花招，还有的甚至自残。

社会党一开始就反对参战。国会宣战的第二天，社会党人召开紧急会议，将宣战称作“对美国人民犯下的一桩罪行”。有些名声在外的社会党人，比如，厄普顿·辛克莱和杰克·伦敦等作家，在美国参战后宣布支持战争。但是大多数社会党人仍然反战，他们有些人因为表达自己的观点，付出了沉重的代价。

在俄克拉何马州，世界产业工人联盟（IWW）计划代表全国反对征兵的民众，针对联邦政府发起一次游行。游行发生之前，联盟成员遭到了逮捕。450 人被控谋反，关进了州监狱。而在美国的另一边，在波士顿，参与反战游行的 8000 名社会党人和工会主义者遭到士兵和水手的攻击，是政府命令他们采取行动的。

伊丽莎白 · 格利 · 弗林，20 世纪 10 年代

就在美国宣战之前，IWW 的报纸就已经写道："美国资本家，我们不会为你打仗，只会同你斗争！"现在，战争给了政府捣毁这个激进联盟的机会。1917 年 9 月，司法部突击了全国 48 个 IWW 办事处，没收组织的信函和材料。

次年 4 月，IWW 的 101 名领导者因为反对征兵、煽动士兵开小差而遭到审判。其中一人在法庭上说：

> 你们问我，为什么 IWW 对美国没有爱国之情。如果你是个连块毛毯都没有的流浪汉；如果你为了去西部谋差事把妻子儿女丢下，从此再也打探不到他们的消息；如果你一直都是临时工，因此没有选举权；如果每个代表法律与秩序的人都殴打过你……你们怎么会觉得这个人会爱国？这场战争是一场商人的战争……

IWW 的囚犯悉数被判有罪。比尔·海伍德和其他重要领导人被判处 20 年有期徒刑，其他人的刑期短些。海伍德逃到俄国，那里正在进行社会主义革命。美国的 IWW 自此分崩离析。

战事终了

战争于 1918 年 11 月结束，共五万名美国士兵牺牲。但战争的结束并未打消权势集团（掌控这个国家的政治精英及资本家）对社会主义的顾虑。虽然民主党与共和党之间存在纷争，但重要性比不上剧烈变革的威胁。

为了应对这一威胁，政府实施了新举措。在“一战”临近结束的时候，国会通过一项法案，让政府可以驱逐反对政府或者赞成破坏财产的外国人。1919 年至 1920 年，政府逮捕了超过 400 名外国人，包括无政府主义者爱玛·戈德曼在内。最终，他们全部被遣返至出生国。

一名叫安德烈亚·萨尔塞多（Andrea Salsedo）的无政府主义者被关在位于纽约市的联邦调查局（FBI）办公室长达两个月。他被禁止联系家人、朋友和律师。后来，他的尸体被发现摔在了路上。FBI 表示他跳窗自杀。

萨尔塞多有两位来自波士顿的无政府主义战友，他们得知他的死讯后随身佩枪。他们遭到了逮捕，罪名是犯下了两周前的一起抢劫杀人案。他们的名字是尼古拉·萨科（Nicola Sacco）和巴尔托洛梅奥·万泽蒂（Bartolomeo Vanzetti）。

萨科和万泽蒂被判有罪。他们服了七年牢狱之刑，其间向最高法院提起上诉。全世界人民都关注这起案件。许多人认为，萨科和万泽蒂被判有罪是因为他们既是无政府主义者，又是外国人；庭审记录和其他状况只是让他们看起来像真的犯了事一样。1927 年 8 月，两个人遭到处决。

权势集团拼命堵住异见者的嘴巴：他们推行改革；他们利用战争宣扬爱国主义、打压异己；法院和监狱释放出清晰的信号，即某些思想和反抗手段是禁止的。即便如此，就算是在监狱的囚室里，如下信息也得以传出：在美国这样一个本该不存在阶级之分的国家，阶级战争仍在进行。

第十五章

艰难时世

那是 1919 年的 2 月。欧洲的战争结束不过数月。全世界正笼罩在流行性感冒的阴影之下，这场流行病夺走 50 万美国人的生命，并在全世界夺走数百万人的生命。在美国，世界产业工人联盟的领导者锒铛入狱，但他们的梦想即将在华盛顿州西雅图实现。

虽然由单个工会或单个行业工人发起的罢工抗议可能收获成果，但 IWW 认为，一场由所有行业工人参与的全面罢工是更有力的声明。西雅图的造船厂工人为了寻求涨薪而发起抗议；随后，超过 100 个工会认为应该响应他们的行动。10 万工人的罢工最终让整个城市陷入停摆。

罢工者让必不可少的服务继续运转。消防队员坚守岗位，社区设立了牛奶站，为各家各户派送牛奶。罢工和平地持续了五天，事实上，这段时间的犯罪率下降了。但是罢工开始后，当局对社会党总部发起了突击行动。39 名 IWW 成员被认定为“无政府状态的元凶”而入狱。

为什么政府会采取这种方式应对罢工呢？也许答案就在西雅图市长的一次发言当中：

> 在西雅图发生的全面罢工，其自身就是革命武器，正因为没有引发骚乱，所以更加危险。它为了成功，必须让一切停止运转，终止社区的全部活动……这就是说，它让政府停止运转。

全面罢工让当局感到失去了力量，它似乎威胁到整个社会的经济和政治体制。

西雅图的大罢工只不过是1919年美国诸多大型罢工的冰山一角，而这些劳工行动则是全世界起义行动浪潮的一部分。从发生在俄国的反抗王室统治的共产主义革命，到发生在英格兰的铁路工人罢工，平头百姓奋起反抗、发出呼声、形成变革。《国家》（*The Nation*）杂志一名撰稿人写道：“普通人对旧领导丧失了信心，获得了新的自信……”

20年代的真相

进入20世纪20年代后，起义浪潮已经退去。IWW被捣毁，社会党分崩离析，罢工遭到武力镇压。经济形势让刚好足够的群众满意，因此大规模暴乱并未发生。

20世纪20年代有时被称为“兴旺的20年代”，或者是“爵士时代”，即繁荣与享乐的年代。这种描述有其真实的一面。该时期的失业率较低，工人工资普遍上涨。人们能够负担得起诸如汽车、收音机和冰箱等物件。很多人的生活并不糟糕。

但是，绝大多数的财富掌握在处于社会金字塔顶端的少数人的手里。在金字塔的底部是居住在农村、生活在贫困中的黑人和白人佃农，以及生活在城市中却找不到工作或收入无法满足基本需求的移民家庭。仅纽约市就有 200 万人住在廉租公寓，即便这些公寓存在火灾隐患是尽人皆知的。

从 1900 年到 1920 年，抵达美国的移民多达 1400 万。1924 年，国会通过一项移民法案，终止了移民浪潮。新法律偏爱来自英国和德国的白人移民，严格限制南欧人、斯拉夫人以及犹太人的迁入，而中国和非洲国家的移民配额仅每年 100 人。

种族主义仇恨和种族主义暴力无处不在。三 K 党（Ku Klux Klan，缩写为 K. K. K.）于 20 世纪 20 年代死灰复燃，并向美国北方扩散。到 1924 年，它的成员达到了 450 万。

妇女经过长时间的斗争之后，终于在 1920 年获得了在全国大选中的选举权。不过，投票仍然是一项中上阶层活动，而新加入的妇女投票人也和其他投票人一样，支持的无非是那两个古老的政党。

劳工动乱也许暂时平静了下去，但并未平息。虽然社会党势力式微，但共产党在美国成立了。共产党人参与多起劳工斗争，包括 1929 年早些时候，发生在田纳西州和北、南卡罗来纳州的大规模纺织工人罢工。

明尼阿波利斯市街头，手持烟斗的罢工卡车司机和警察之间的公开战斗，1934 年

大萧条

20 世纪 20 年代，美国经济似乎很健康，甚至可以说繁荣昌盛。股价一路创下历史新高，许多人也以为股市将一直繁荣。他们用存款炒股，甚至向银行贷款炒股。银行自己也炒股，用的钱则是储户存款。

1929 年，一场暴跌给牛市画上句号。股价开始下跌后，人们疯狂抛售自己的股票，股价因此跌得更快。银行无力收回人们用来炒股的贷款，人们也无法取出银行拿去炒股输掉的存款。股市和银行体系的状况急速恶化，引发了严重的经济危机。至此，美国进入大萧条时期。

经济陷入停滞，几乎没有增长。超过 5000 家银行倒闭，成千上万家企业关门大吉，而苟延残喘的企业也频频裁员减薪。1933 年，失业人口可能多达 1500 万。全国 1/4 到 1/3 的劳动力找不到工作。

虽然国内储粮多达上千万吨，但运输和出售都没法回本，所以人们只得挨饿。仓库里堆满了衣服和其他产品，但是人们买不起。房屋大规模闲置，因为人们既没钱买也没钱租。交不起房租的房客被赶出屋子。他们住在建在垃圾堆上的“胡佛村”棚屋区里，这个名字源于赫伯特·胡佛总统，他在经济危机爆发之前说道：“如今的美国比历史上任何时期的任何国家都更接近对贫困的最终胜利。”

美国银行倒闭后，人们聚集在纽约的美国银行外，1931 年

国会议员菲奥雷洛·拉瓜迪亚（Fiorello La Guardia）来自东哈莱姆*—一个贫困移民社区，是为数不多的在20世纪20年代为穷人发声的从政者。大萧条爆发后，他收到了一名廉租公寓房客的来信：

> 你知道我的状况很糟糕。原来我还能拿政府的抚恤金，现在停发了。我失业差不多已经七个月。我希望你能为我做点什么……我有四个缺衣服穿、缺东西吃的孩子……我八岁的女儿病得很重，病情不见好转。我已经欠了两个月的房租，我怕自己被赶走。

时世艰难，这让人们感到绝望。《愤怒的葡萄》（*The Grapes of Wrath*）这本小说描写了被迫离开自己土地的农民所遭受的苦难，作者约翰·斯坦贝克把这些新近的无家可归者叫作“危险的人”。叛乱在美国大地上酝酿。

在底特律，500名公共住宅的房客因为无力支付房租而被赶了出去，于是他们发起暴动。在芝加哥，500名“大多面容憔悴、衣衫褴褛”的小学生在市中心发起游行，要求学校发放食物。在纽约市，数百名失业人口包围了一家饭店，要求免费获得食物。在西雅图，一大群失业的人占领了一座公用建筑长达两天。

第一次世界大战的参战者现在发现自己丢了工作，也没了钱。他们有些人虽然持有政府在未来补偿他们的证明，但是他们现在就急需用钱。于是，退伍军人从全国各地前往华盛顿特区。他们有的

---

* 东哈莱姆（East Harlem）是纽约曼哈顿区的一部分。——译者注

开着老旧的破车，有的坐火车逃票，还有的搭上了顺风车。

超过 2000 名退伍军人抵达华盛顿特区。他们在国会大厦对面用旧箱子和报纸搭建窝棚，安营扎寨。胡佛总统命令陆军驱逐他们。道格拉斯·A. 麦克阿瑟将军在德怀特·D. 艾森豪威尔和乔治·巴顿的协助下，用坦克镇压、催泪瓦斯开道和纵火的方式摧毁了营地。事件平息后，有两名退伍军人遭到射杀，一名男童几乎失明，两名警察颅骨骨折，1000 名退伍军人受到催泪瓦斯的影响。

童工

20 世纪 20 年代初，美国 16 岁以下的全职童工超过 200 万，他们许多人每天工作长达 12 至 13 小时。密西西比州靠着墨西哥湾的镇上，罐头厂甚至雇佣年仅三岁的幼童剥牡蛎和虾。北卡罗来纳州的小女孩在棉花厂做苦工，她们在巨大、吵闹的机器面前纺棉。工厂只雇佣白人，经常有全家人离开农场前往工厂做工。在宾夕法尼亚州，成千上万的十四五岁男孩受到矿场的合法雇佣，被聘为矿工、挖煤工或者拣矸工；此外，还有上千名九至十岁的非法童工，他们很多人都因为煤尘患上慢性咳嗽。

这些孩子并不是学习手艺的学徒，只是一些最廉价、最勤劳的工人。

虽然致力减少并限制童工现象的国家童工委员会（National Child Labor Committee）于 1904 年就已成立，但到了 20 世纪 30 年代的大萧条时期——此时的失业率居高不下，成年人甚至需要和小孩争夺工资极低的工作——委员会面临的来自那些利用童工牟利的人的阻力才真正减小。1938 年，富兰克林·德拉诺·罗斯福总统签署《公平劳动标准法》(Fair Labor Standards Act)，不仅规定了工人的最低工资和最长工时，而且限制使用童工，禁止儿童在矿区和工厂工作。1949 年，国会修改法律，全面禁止使用童工，并对 16 岁以下孩童课外工作的时间进行了限制。

1913 年，国家童工委员会代表美国儿童起草了《依赖宣言》:

《依赖宣言》

鉴于身为美国儿童的我们被公布为生而自由、平等；又鉴于我们在这片自由的土地上仍处于束缚之下，被迫日夜辛苦劳作，无法控制工作条件，对健康、安全、工时和工资亦无发言权，更无权获得工作报酬，特此决定:

一、童年时期自有一些不可剥夺的权利，其中包括：无须为生计操劳的自由，嬉耍和幻想的权利，在夜间按时睡觉的权利，接受教育并获得公平的身心发展机会的权利。

二、我们宣布，我们不具备自理能力、依赖成年人；我们应当且有权依赖成年人；我们特此发出我们的呼吁：我们不具备自理能力，享受童年的权利需要得到保护。

三、我们要求在美国终止使用童工以维护我们的权利。

来源：拉塞尔·弗里德曼，《上工的孩子：路易斯·海因与反童工运动》(*Kids at Work: Lewis Hine and the Crusade Against Child Labor*)，纽约：学乐出版社，1994 年。

奋力求生

1932 年总统大选中，胡佛败给了民主党总统候选人富兰克林·D. 罗斯福，后者接连通过法律进行改革，被称为“新政”。这些改革比此前力度更大，旨在对资本主义制度进行整顿。

首个重要法律是《全国工业复兴法》。它让政府、资方和劳方在物价、工资和竞争等方面达成一致，从而掌控了经济。《全国工业复兴法》从一开始就受到了大公司的控制，但它的确为劳动人民带来了一些好处。但是两年后，最高法院宣布该法律违宪，因为它赋予了总统过大的权力。

其他改革也在继续，其中包括田纳西河谷管理局（Tennessee Valley Authority），它打造了一套国有水坝及发电站体系。田纳西河谷管理局既创造了就业岗位，又降低了电价。它的批评者称它是“社会主义性质”，在某些方面他们没说错。

罗斯福新政有两大目标：其一是克服大萧条、稳定经济；其二是为下层阶级带来足够的帮助，避免反抗演化为一场真正的革命。

罗斯福上台时，反抗的的确确已经发生。全国上下，人们没有干等着政府的救助，而是进行了自救。

在底特律和芝加哥，一些人因为付不起房租而被赶出公寓，警方清除他们的家具时，群众聚到人行道上，又将家具搬了进去。在西雅图，渔民、果农和樵夫相互交易必需的补给。工会往往帮助组织这类自救行为。

自救行动在宾夕法尼亚州煤矿产区涌现出来。失业的矿工成群结队地在公司所有地挖煤并运进城市，以比公司更低的价格出售。当局试图制止这些“私煤”交易，但当地陪审团拒绝判处矿工有罪，当地的狱警也不同意关押他们。这些行动虽然单纯，但它们带来了全新的可能性。劳动人民发现了一个有力的事实：他们可以自给自足。但是很快，突然高涨的大规模劳工运动让政府介入其中。

这始于西海岸码头工人罢工。他们罢工抗议，控制了长达约3200公里的海岸线。接着是旧金山爆发了全面罢工，明尼阿波利斯则紧随其后，再之后就是最大规模的罢工：美国南部32.5万名纺织工人罢工抗议。

此前从未组织起来的工人建立了新工会。大萧条令黑人农民损失惨重。他们有些人受到新来的陌生人的鼓舞，认为应该成立工会。霍齐亚·赫德森（Hosea Hudson）是来自佐治亚州乡村地区的一名黑人，10岁开始务农。他加入共产党，协助组织亚拉巴马州伯明翰的失业黑人。后来他回忆起积极活动的那些年：

> 街道委员会每周举行例会。我们谈论福利问题和时事，我们阅读《每日工人报》（*Daily Worker*）和《南方工人报》（*Southern Worker*），搜罗失业救济的相关消息……我们与时俱进、掌握最新动态，所以人们总愿意来参加会议，因为我们每次都有新鲜事告诉他们。

在许多罢工行动中，行动决议均由普通成员决定，而不是工会领导拍板。俄亥俄州阿克伦的橡胶工人想出了一种新的罢工方式：静坐。他们并不离开工厂去上街游行，而是待在工厂但并不做工。

历时最长的静坐罢工由密歇根州的汽车工人发起。罢工始于1936年12月，持续了40天，参加者多达2000人。委员会组织娱乐活动、开班授课、提供邮政服务，还提供了卫生设备。街对面的一家饭店每天提供三餐。全副武装的工人包围了工厂，打退了警方一次进攻。最终，罢工者和资方达成了半年的协议，罢工终于结束。

政府为了结束这种劳工动乱，设立了全国劳资关系委员会（National Labor Relations Board）。委员会负责承认工会的合法地位、倾听他们的投诉、解决他们的部分问题。与此同时，工会尝试扩大自身影响力，让自己获得重视。一些主要工会的领导者，包括美国劳工联盟（American Federation of Labor）和产业组织大会（Congress of Industrial Organizations）在内，都想尽量减少罢工行动。他们将工人的反抗精力导向劳资谈判和劳工大会等事务上。

研究劳工运动的一些历史学家表示，在普通工人起义的早些年间，工人大部分时间都取得了胜利，工会在这时尚未得到承认，组织也不完善。虽然美国劳工联盟和产业组织大会的成员在 1945 年均已超过 600 万，但是他们的力量却变小了。罢工获得的成果越来越小。全国劳资关系委员会不再支持劳方，而是倒向资方一边；最高法院裁定静坐示威非法；州政府通过一系列法律，加大罢工和纠察难度。

到 20 世纪 30 年代晚期，一部分人已经度过了大萧条最困难的时期。1938 年通过的新法律将每周工时限制为 40 小时，禁止雇佣童工。《社会保障法》规定了退休金和失业补贴（但并不是所有人都能享受权益，比如农民就不在受惠范围内）。最低工资得到上调，政府也兴建了一些住宅项目。这些政策虽然没有帮助到所有需要帮助的人，但它们让人们觉得政府的确干了一些实事。

新政没有让黑人获得多少好处。他们许多人是佃农、农场帮手、家务工人和流动工人。他们没有资格享受最低工资和失业补贴。

黑人在工作中面临歧视：聘用时排在最后，解雇时首当其冲。私刑处死黑人的现象并未被杜绝，种族偏见行为也仍在持续。

20 世纪 30 年代中期，年轻的黑人诗人兰斯顿·休斯（Langston Hughes）在一首《让美国再次成为美国》的诗中表达了失望与希望：

……我是贫穷的白人，受愚弄被抛弃，
我是身带奴隶伤疤的黑人。
我是被驱赶出家园的印第安人，
我是死抱希望而来的移民——
可我找到的只有同样的愚蠢、陈旧，
只见狗咬狗，强者压榨弱者……
啊，让美国再次成为美国——
这国土还从来不是——*

新政让文艺界得到了史无前例的蓬勃发展。联邦资金被用来资助成千上万的作家、艺术家、音乐家和摄影师进行创造性项目。工人阶级群众第一次看上了戏剧、听到了交响乐。但是 1939 年，艺术资助项目却终止了。国家稳定下来后，新政便告终。

资本主义制度并未改变。富人仍然控制着国家的财富、立法、司法、警察、报纸、教会和大学。罗斯福提供的帮助已足以让他成为百万民众眼里的英雄，但导致大萧条的体制却岿然不动。

在世界其他地方，战争正在酝酿。德国领导人阿道夫·希特勒在欧洲行军。太平洋彼岸，日本侵华。对美国来说，战争不远了。

* 译文来自《兰斯顿·休斯诗选》，邹仲之译，上海译文出版社，2018年5月第1版。——译者注

第十六章

第二次世界大战与冷战

第一次世界大战仅过了差不多 20 年，另一场大战就又在欧洲打响。有些人将其评为美国参加的涉及人数最多的一场战争。1800 万美国人在军队中服役，2500 万美国人自掏腰包支援战争。

这场战争是为了打击邪恶，即阿道夫·希特勒领导的邪恶的德国纳粹党。纳粹党在德国上台后开始攻击犹太人和其他少数民族，希特勒治下的德国变成了一台志在征服其他国家的战争机器。对美国来说，站出来保卫无助的各国人民符合美国课本塑造的国家形象，但事情真的是这样吗？是否有看待第二次世界大战的不同视角，而在当时的爱国主义热潮下，又是否有并未发出的疑问？

战时美国

1939年，德国入侵波兰，第二次世界大战就此打响。此时的德国已经吞并了奥地利和捷克斯洛伐克。后来，德国人还将入侵并占领法国。意大利已经入侵非洲国家埃塞俄比亚。德国和意大利一同联合其他小国组成“二战”中的一方，被称为轴心国。战争的另一方是同盟国，英国和俄国是这一方的两个主要力量，后者在这个时候已更名为苏联，由共产党执政。

在世界的另一侧同样爆发了战争。日本与中国开战，同时向东南亚挺进，那里有丰富的锡、橡胶和石油资源。

美国在这个时候做了什么呢？希特勒对犹太人的屠杀没有让美国参战。德国对其他国家的入侵也没有让美国参战，虽然富兰克林·D. 罗斯福的确为英国提供了援助。日本对中国的进攻也没有让美国参战。

1941年12月7日，日本人偷袭夏威夷珍珠港的美国海军基地，美国这才加入战争。珍珠港是美利坚太平洋帝国的纽带，对它的打击才是美国参战、向欧洲和亚洲派兵的理由。

美国加入战争并与英国和苏联结成盟友的目的是什么呢？美国是出于人道主义原因还是为了追求势力和利益而奋战的？是为了终结某些国家遭到的控制，还是为了保证这些遭到控制的国家成为美国的盟友？

关于战争目的的冠冕堂皇的官方声明并不总能契合私下表态。1941年8月，罗斯福和英国首相温斯顿·丘吉尔共同发表了他们对战后世界的展望。他们说，他们尊重“所有民族选择其政府形式的权利”。但就在两周之前，一名美国政府高级官员悄悄向法国政府承诺，法国在战后将重新获得对其海外领土的控制。

意大利在入侵埃塞俄比亚时对城市发动空袭，德国战机在荷兰和英国城市投掷炸弹。这些攻击行动并不是针对军事目标，而是针对平民。罗斯福将这些行为称作“令人类良知大为震惊的毫无人道的野蛮行径”。

但是，和英美对德国城市的轰炸比起来，德国的轰炸行动就显得微不足道了。那些是多达1000架飞机的突击行动，目标城市数量更多。他们甚至懒得装作在寻找军事目标。同盟国的震慑性轰炸在对德国城市德累斯顿的轰炸中达到顶峰。超过10万人死于炸弹引发的火灾风暴。

战争期间，报纸头条均是战争态势和军队动态。而在这些头条背后，美国的外交家和商人都在努力作保，称美国的经济势力将在战后领先全世界。当时担任助理国务卿的诗人阿奇博尔德·麦克利什（Archibald MacLeish）写道：

> 随着事态发展，我们即将带来的、似乎正在带来的和平，将是石油的和平、黄金的和平、航运的和平，这种和平简而言之……毫无道德目的，也与人道主义利益毫无关系……

很多人认为，针对轴心国的这场战争旨在帮助犹太人逃脱在德占欧洲所处的糟糕境地。但这并不是罗斯福最关心的事情。当犹太人被关进集中营、德国准备屠杀600万犹太人（后来被称作“大屠杀”）和上百万少数民族成员及异见者时，罗斯福没有采取行动拯救这些难逃劫数的百姓。他把这一重任交给了美国国务院，后者什么也没干。

希特勒宣称德国白人——他叫作雅利安人或者日耳曼人——比其他种族高贵。美国参战是为了证明这种种族优越的想法是错误的吗？美国黑人也许不会这么想。美国军队实行种族隔离。即便是拯救千万生命的血库也把白人和黑人捐献的血液分开。发明血库的黑人医生查尔斯·德鲁（Charles Drew）想要终止血库隔离，却被开除了。

美国黑人明白日常生活中真实的种族偏见甚至种族暴力的样子。1943 年，一份非裔美国人的报纸刊载了一首描写入伍黑人想法的诗：

> 上帝，今日，
> 我奔赴战场：
> 请启示我，血战、赴死，
> 这意义何在？
> 上帝，我将血战，
> 无论是德国人还是日本人，
> 我不害怕；
> 我害怕的东西在这！
> 美国！

战时美国对待日裔美国人的方式，恰恰像是它本应对抗的残暴的种族主义压迫。珍珠港事件后，政府内部的反日情绪高涨。一名

在日裔美国人被关押之前，旧金山威尔公立学校的孩子们宣誓效忠美国国旗，1942 年

国会议员表示："我支持立刻把美国本土、阿拉斯加和夏威夷的所有日本人都抓起来关进集中营……让我们弄走他们吧！"

1942年，罗斯福赋予军方逮捕西海岸所有日裔美国人的权力，共计1.1万名成人和小孩。他们中的3/4在美国出生，是美国公民。剩下的人因为在日本出生，所以按照美国法律，无法获得公民身份。

日裔美国人被从自己的家中带走，关进内陆偏远地区的营地。在那里，他们所处的环境和监狱没什么区别。他们在这些营地里待的时间超过三年。

1945年5月，随着德国向同盟国投降，欧洲战场的战争结束。八月，日本同样大势已去，已准备好投降。但是有一个问题：日本天皇对许多日本人而言是一个神圣的人物，因此日本政府希望在投降后仍保留他的地位。如果美国同意，日本就停战。但是美国政府拒绝了这一要求，因此战争继续了下去（战争结束后，美国还是同意保留天皇）。

日本最后还是投降了，但这是美国于1945年8月在广岛和长崎投下原子弹之后的事情。原子弹造成了多达15万人死亡，还有无数人因为放射污染而慢慢地死去。这是战争中首次使用这种致命的新武器。

如果战争不需要使用原子弹就可以结束，那么美国为什么不愿意做出小小的退让，允许日本保留天皇呢？是因为太多资金和工作投入开发原子弹，所以不得不用吗？还是因为美国想在苏联与日本开战（正如计划的那样）之前结束战争呢？如果日本向苏联投降，那么控制战后日本的将是俄国人，而不是美国人。

无论在日本投下原子弹的真正理由是什么，至少战争结束了。但是战争真的结束了吗？

国内战争

战争时期，美国国内爱国主义情绪高涨，全国上下似乎都在争取赢得战争的胜利。有组织的反战运动没有发生，站出来坚定反对战争的只有一个社会主义组织，这就是社会主义工人党。1943 年，该政党的 18 名成员因违法而被判入狱，这项法律[*]规定，加入任何提倡“用武力或暴力推翻政府”的组织都是犯罪。

但是，认为这场战争是错误的人还是有不少。逃避兵役的大约有 35 万人，超过四万人直接拒绝上战场。

美国最大的两个工会，即美国劳工联盟和产业组织大会，已经表示不会在战争期间发动罢工。但是，战时发生的罢工比美国历史上任何时期都要多。仅 1944 年就有超过 100 万矿区、钢铁厂和手工工厂的工人停下工作，发起罢工。企业生产武器和其他战争物资，赚取巨额利润，但工人工资却不见涨，这让很多人都十分不满。

到“二战”结束之时，许多人的生活似乎都有所改善。战争不仅为大公司带来了利润，同时也造成农作物价格上涨，一部分工人工资上涨，经济也得到了足够的发展，使足够数量的人不再有反抗之心。这就是政府学会的一条古老的经验：战争能解决控制国民这一问题。通用电气的总裁[†]表示，企业和军方应该打造“永久性的战时经济”。

这就是事情的真相。虽然人民已经厌倦了战争，但是新上任

---

* 指1940年颁布的《外国人登记法案》（Alien Registration Act），又称《史密斯法》（Smith Act）。——译者注

† 指查尔斯·爱德华·威尔逊（Charles Edward Wilson）。——译者注

的总统哈里·S. 杜鲁门却制造了危机重重的氛围，这就是冷战。在冷战中，美国的敌人便是"二战"中与其并肩作战的共产党执政国家：苏联。

新战争

美国同苏联确实存在竞争关系。苏联经过"二战"的洗礼之后，东山再起，令人咋舌。它正在重建经济，恢复军事实力。但是，杜鲁门政府却把苏联塑造成一个比竞争对手更糟糕的形象。苏联和共产主义被视作迫切的威胁。

美国政府助长了对共产主义的恐惧。发生在欧亚大陆所有与共产主义相关的革命活动都遭到了歪曲，让人们认为苏联正在侵占世界。1949 年，中国共产党建立了中华人民共和国政府，中国因此成为世界上人口最多的共产党执政国家，这更令美国人惶恐不安。

由于日益担忧苏联实力增长和共产主义势力壮大，美国军费大幅增长，保守派和自由派之间的新型伙伴关系也得以形成。

在政治上，保守派分子是想要维持社会、政府和经济现有秩序的人，他们往往重视安全、稳定和既定的制度；自由派分子则是支持进步的人，一般采取改革手段达到目的。如果他们支持极端的改革，那么自由派就被称作激进派。自由派往往重视个人权利、公民自由和直接参政（自由主义立场被称为左翼，保守主义立场则被称为右翼）。

美国想要把保守派和自由派、共和党与民主党都团结到一起，从而为冷战提供支持，对抗共产主义。发生在朝鲜的事件为杜鲁门总统赢得了这种支持。

“二战”结束后，朝鲜摆脱了日本的控制，分裂成两个国家。朝鲜是社会主义国家，处于苏联的势力范围内；韩国是保守主义国家，处于美国的势力范围内。1950 年，朝鲜战争爆发。在美国主导下，“二战”结束后成立的联合国组织了联合国军帮助韩国。期间成立、由美国主导的国际组织要求成员国帮助韩国。杜鲁门派出美国军队，美国军队成了联合国军的主体。

美国军队在朝鲜境内一路高歌猛进，将战线推向中朝边境，于是中国参战，站在了朝鲜这边。三年后，这场战争造成了巨大伤亡，令朝鲜半岛化为废墟。然而，当朝鲜战争于 1953 年结束时，双方的边境却没有任何变化。

虽然朝鲜战争没有对朝鲜半岛内部造成多大改变，但它却在美国国内造成了影响。它导致许多自由派分子加入保守派，支持总统、战争和军工经济。对身处这个已经达成一致的圈子之外的激进批判者而言，这意味着麻烦要来了。

经过大萧条和“二战”，左翼已形成了一股势力。共产党的党员人数也许从未超过 10 万，但它在工会、艺术界和 20 世纪 30 年代见识过资本主义失败的美国人中间存在影响力。为了巩固资本主义体制、为了给美国争取支持以获得对共产主义敌人的胜利，美国政府和商界的当权派必须削弱左翼力量。为达到这一目的，他们攻击共产主义，而对“红色分子”（共产主义者的别称）的逮捕则成了生活中的常态。

1947 年，杜鲁门发起一个项目，旨在揪出美国政府中的“不忠分子”。在接下来的五年间，超过 650 万名政府员工受到了调查。历史学家道格拉斯·米勒（Douglas Miller）和玛丽昂·诺瓦克（Marion Nowack）在他们的《五十年代》（*The Fifties*）* 一书中介绍了调查结果：

> 虽然在没有确凿证据的情况下，大约500人因为“忠诚度可疑”遭到解雇，但是间谍案件连一起都没有发现。执行这些行为所依赖的证据都是保密的，线人往往不是匿名就是被收买，也没有法官和陪审团……举国上下蔓延着一种保守主义的慌张反应。美国人民确信有必要保证绝对安全、维护现有秩序。

国际时事为反共抗争提供了支持。共产党在捷克斯洛伐克等国家掌权。亚洲和非洲的革命运动高涨，殖民地人民要求摆脱欧洲列强获得独立。这些事件是被当作共产主义世界性阴谋的标志而呈现给美国公众的。

威斯康星州参议员约瑟夫·麦卡锡开始了他自己的斗争，力图在美国国务院和军队中揪出共产主义叛徒。他最终什么也没找到，让政府为他难堪。然而，其他的政治领袖在打压异己方面也有自己的想法。自由派参议员休伯特·汉弗莱（Hubert Humphrey）和赫伯特·莱曼（Herbert L☺man）就提议，应该把有嫌疑的共产主义分子和叛国者关进集中营，无须审讯。集中营都已经建造完毕，只待启用。

政府还列出可疑组织的清单，有上百个之多。所有加入这些组织的人，以及表面上支持这些组织的人，一概受到调查。共产党的

---

* 本书全名《五十年代：我们曾经的真实作风》（*The Fifties: The Way We Really Were*）。——译者注

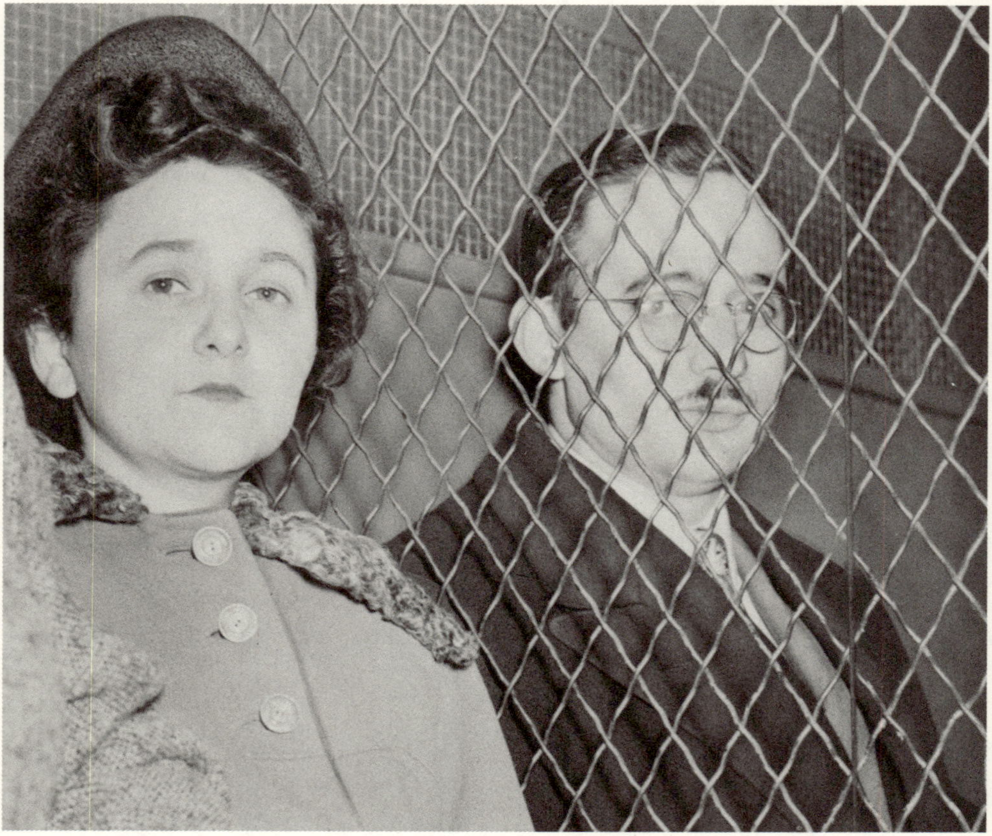

提讯结束后，埃塞尔·罗森堡和朱利叶斯·罗森堡在被陪审团认定有罪后离开美国法院时被沉重的铁丝网隔开，1951 年

领导者遭到了监禁。

1950年，与共产党有所关联的朱利叶斯·罗森堡（Julius Rosenberg）和埃塞尔·罗森堡（Ethel Rosenberg）遭到政府起诉，罪名是把原子弹机密泄露给苏联。虽然对他们不利的证据欠缺说服力，但他们还是被当作间谍而遭到处决。后来的调查证明，这起案件有诸多漏洞。但在当时，从电影和连环漫画，到历史课和报纸，无不敦促美国人同共产主义做斗争。

1960年，权势集团似乎已经成功削弱了左翼势力。新政时期和“二战”时期的共产主义激进热潮已被摧毁。冷战让美国处于持久性的战时经济中。虽然贫困人口不少，但是过着宽裕生活的民众数量已经足够，因此社会形势安定。一切似乎都在掌控之中。然后到了20世纪60年代，在美国人生活的各个领域，反抗全面爆发。

第十七章

黑人反抗与民权运动

20 世纪 50 年代和 60 年代的黑人反抗虽然令白人主导的美国感到意外，但其实也在情理之中。即便在压迫中，人们的记忆也是无法夺走的。对拥有受压迫记忆的人们来说，反抗向来一触即发。

美国黑人拥有遭受奴役的记忆。除此之外，他们每天都要面对私刑处死、言行侮辱和种族隔离的现实情况。随着 20 世纪的深入，他们找到了新的反抗手段。

反击

20 世纪 20 年代，一位名叫克劳德 · 麦凯（Claude McKay）的诗人写下以下诗句：

如果我们得死，别死得像猪一般——
被追逐驱赶、被关进可耻的栅栏，
……
我们虽然被逼在墙角，奄奄一息，
还是在反击凶残又怯懦的群敌！*

麦凯的话语被记入《国会记录》，用来体现年轻黑人的危险新想法。黑人竟然谈论反击，这对这个国家的统治者而言一定是危险的信号。

部分黑人为对抗体制，加入了共产党。共产党人在南部十分活跃。他们曾为“斯科茨伯勒男孩”辩护，这九名黑人男子在亚拉巴马州遭到了错误的强奸指控。学者 W. E. B. 杜波依斯、演员兼歌手保罗·罗伯逊（Paul Robeson）等著名非裔美国人都与共产党有联系。

20 世纪 30 年代期间，共产党人成立了委员会，为贫困人口寻求帮助。其中一位组织者安杰洛·赫恩登（Angelo Herndon）遭到逮捕并被控煽动叛乱。他在回忆起自己被审判时说道：

他们对我进行了非常详细的审问：我是否相信老板和政府应当为下岗工人支付保险费？黑人是否和白人完全平等？我是否认为工人阶级可以管理磨坊、矿井和政府？老板是否完全没有存在的必要？

我告诉他们，这些我全都相信——我相信的还不止这些……

---

* 译文来自《美国抒情诗选》，黄杲炘译，上海译文出版社，1989年7月第1版。——译者注

赫恩登在监狱里待了五年后，最高法院裁定，逮捕他所依据的法律违宪。对权势集团来说，赫恩登这样的人代表着黑人中间的一股令人畏惧的新情绪。这种情绪就是激进的倾向、好战的倾向。

向民权进发

哈里·杜鲁门总统知道，美国必须在种族问题上有所作为，原因有二：一是安抚懊丧的美国黑人；二是与美国的国际形象有关。

全世界的非白人都在指责美国是一个种族主义国家。在此时的美苏冷战背景下，双方都想在国际上争取影响力。但是，美国国内糟糕的民权状况成了它在世界政治舞台上的绊脚石。

1946 年，杜鲁门成立了民权委员会。委员会提议制定法律，禁止私刑处死，禁止在就业和选举中种族歧视，但国会没有采取行动。不过杜鲁门的确命令军队取消种族隔离。虽然这一过程耗费 10 年，但军队里的白人和黑人最终不再隔离。

然而，在南方勇敢的黑人通过一系列诉讼与最高法院展开较量之前，美国公立学校仍存在种族隔离。1954 年，最高法院在“布朗诉托皮卡教育委员会案”中裁定，美国的公立学校必须停止对不同种族学童“隔离但平等”的做法。最高法院的这个重大裁定向世界发出了一个信号：美国政府已经宣布种族隔离违法。但是改革进展缓慢。10 年以后，美国南方超过 3/4 的学区仍然处于种族隔离之中。

对黑人来说，改革还不够快。20 世纪 60 年代早期，黑人起义

罗莎 · 帕克斯被捕，1956 年

在南方各地爆发。60 年代晚期，还有 100 个北方城市发生了暴动。是什么点燃了这些愤怒的叛乱？

一天，43 岁的黑人妇女罗莎·帕克斯坐在了一辆城市公交车上的“白人区”。她一直活跃于全国有色人种协进会（NAACP），该组织致力挑战蒙哥马利的公交种族隔离制度。罗莎遭到了逮捕。

蒙哥马利的黑人呼吁召开群众大会。他们抵制城市公交，拒绝坐车，出行要么走路，要么坐出租车。蒙哥马利损失了一大笔公交车票收入，因此逮捕了 100 名抵制运动的带头人。

白人种族隔离主义者采取了暴力行动。他们用炸弹袭击了 4 所黑人教堂。他们用霰弹枪朝马丁·路德·金的家门口开火，这位牧师协助领导抵制运动。但是，蒙哥马利的黑人坚决抵制不动摇。1956 年 11 月，最高法院裁定地方公交车的种族隔离非法。

克劳德特·科尔文

1955 年 3 月 2 日约下午 4 点，在亚拉巴马州蒙哥马利的一辆种族隔离公交车上，15 岁的克劳德特·科尔文维护了自己对座席的宪法权利，帮助推进民权运动。这比 42 岁的罗莎·帕克斯的举动要早上 9 个月。克劳德特·科尔文遭到了周围白人和两名前来逮捕她的警察的嘲笑、推搡和辱骂，还被控违反种族隔离法、目无法纪、“袭击”实施逮捕的警官。

以下是她对自己经历的描述：

1955 年 3 月 2 日，我坐上德克斯特大街教堂前面的公交车。

我走到车厢中部。当时车上还没有白人。大多数都是小学生。我没在想什么特别的事。我记得我刚吃了一条糖。后来公交车上的人就多了起来。白人上了车，盯着我看。公交车司机叫我离开座位。我们当时正要进入公交车来来往往的那个广场。这时一位黑人女士也上了车，她是名孕妇。我的位子靠窗，旁边的位置是唯一一个空位。她没意识到车上的情况，不知道公交车司机才叫我离开座位。她看到那个空位就坐了下去，坐在我的旁边。在我那排过道的另一侧坐着一个白人妇女，而法律禁止黑人和白人坐在同一排。

公交车司机通过后视镜往后看，又一次叫我离开座位。我没动。我知道他在跟我说话。他说："喂，你给我起来！"我不说话。我不起身，他也不开车。他说我必须先离开座位他才会开车。人们都在说："你为什么不站起来？为什么？"一个小女孩说："她知道自己得站起来。"又有另一个小女孩说："她不用起来。她只要继续做个黑人去死就可以了。"

白人都在抱怨。司机一边关引擎一边说："不能再这样了。"然后他站起来说："我要报警了。"先到的是一个交警，他上车后问道："有没有好心人给这位孕妇让个座？"车厢后边有两名黑人清洁工人。他们站了起来，孕妇就坐到了后边去。这就让我一个人留在那里，靠窗坐着。

我还是坐在那里不动，交警说："你不用站起来吗？"

我说："对，我不用起来。车钱我付过了，所以我不用起来。我坐在这儿的权利是宪法赋予的，那位女士也有同样的权利。这

是宪法赋予我的权利！”

来源：埃伦·莱文，《自由的子女：年轻的民权活动家讲述他们自己的故事》（*Freedom's Children: Young Civil Rights Activists Tell Their Own Stories*），纽约：企鹅普特南/海雀，1993年。

马丁·路德·金宣扬非暴力运动

在抵制运动的一场集会上，马丁·路德·金展露了自己的演说天赋，而这一天赋很快将鼓舞上百万人投入争取种族公正的斗争中去。他说道：

> 我们很了解羞辱，我们很了解脏话，我们一直陷在压迫的深渊之中。我们已经决定奋起反抗，我们反抗的武器就是抗议……爱是我们必须采取的武器。我们必须对那些痛恨我们的人抱有同情、体谅他们。

马丁·路德·金号召非裔美国人实行非暴力运动，在寻求正义的过程中不伤害他人。这一思想为他同时赢得了黑人和白人的追随。但部分黑人认为，他的思想仍过于单纯。这些人相信，必须采取强硬的手段对付部分压迫黑人者。

尽管如此，在蒙哥马利公交车抵制事件之后的年头里，南方黑人注重的仍然是非暴力运动。1960年，在一场非暴力运动中，北卡

马丁 · 路德 · 金在林肯纪念堂前发表了他最著名的演讲《我有一个梦想》，1963 年

罗来纳州一所非裔美国人大学*的四名大一新生决定在一家杂货店的午餐柜台静坐，而只有白人才能在这家店用餐。虽然餐馆不为他们提供服务，可他们也不走。他们再次回来时，带上了其他人坐在柜台前，一天天地坐下去。

静坐运动蔓延至其他南部城市。静坐运动参与者虽然经历过暴力事件，但他们激励了超过五万人在多达100座城市中参与示威行动，参与者大多是黑人，也有一些白人。到1960年底，很多地方的午餐柜台都对黑人开放了。

“自由乘车者”与密西西比夏日

很久之前，在长途旅行中对人们实行种族隔离就已经违法。但是，联邦政府从未在南方执行这条法律，因此黑人和白人在州际大巴上的座席仍然是分开的。1961年春，一群由黑人和白人共同组成的抗议者决定改变这一状况。

这些“自由乘车者”搭上由华盛顿特区启程、开往新奥尔良的大巴。他们没能抵达新奥尔良。在南卡罗来纳州，这些乘车者遭到了殴打。一辆大巴在亚拉巴马州被引燃。种族隔离主义者用拳头、铁棍殴打自由乘车者。南方的警察对此毫无行动，而联邦调查局探员虽然亲眼看到了这起暴力事件，但联邦政府同样未加干预。

此前参与静坐的学生组成了学生非暴力协调委员会（Student

---

* 指北卡罗来纳州立农业技术大学。——译者注

Nonviolent Coordinating Committee，缩写为 SNCC）。他们组织了另一批自由乘车者，而这些自由乘车者不仅遭到一群白人的攻击，还被逮捕了。这时，自由乘车者已经登上了全世界的新闻。

南方的黑人小孩加入了示威行动。在佐治亚州奥尔巴尼这个奴隶制气息挥之不去的小镇，黑人发起了游行示威和群众大会。抗议者遭到逮捕后，警长要求他们报上姓名。其中一位示威者是年仅九岁的男孩。警长问他："你叫什么名字？"男孩直盯盯地看着他回答说："自由。我的名字叫自由。"新生代正在学会如何争取自己的权利。

学生非暴力协调委员会和其他民权组织在密西西比州开展工作，帮助黑人完成选民登记，组织反对种族不公正的抗议行动。他们号召全国其他地方的年轻人施以援手，来到南方度过"密西西比夏日"。1964 年 6 月，在日益升级的暴力和威胁面前，他们要求总统林登·B. 约翰逊和司法部长罗伯特·肯尼迪提供联邦保护，但没有得到回应。

此后不久，三名民权运动工作者在密西西比州的费城遭到了逮捕，其中一人是黑人，另两人是白人。他们在夜里被释放出狱，遭到铁链的毒打后被射杀。后来，县治安官、副治安官还有其他一些人因为犯下这些谋杀罪而锒铛入狱。

黑人权力

一次又一次，美国政府拒绝保护黑人免遭暴力袭击。尽管如此，民权引发的公愤及全世界的关注还是让国会通过了一些保障民权的法律，其中就包括《1964年民权法案》。这些法律给出了不少承诺，但要么遭到忽视，要么执行不力。1965年，颁布了投票权法案，它更为有力，改变了在南方进行的选举。1952年，仅两成有选举权的黑人登记入册、参与投票。但是到了1968年，登记入册的黑人达到了六成，这一比例与白人持平。

联邦政府试图在不做出根本改变的前提下控制住一触即发的形势。它想让黑人在传统的地方宣泄他们的怒火，比如投票亭或是得到官方许可的静坐大会。

这种大会的其中之一发生在1963年，当时，马丁·路德·金正领导着一场向华盛顿进发的大规模游行。他那伟大的以“我有一个梦想”为题的演说令听众激动不已，但是他的演说缺乏许多黑人感受到的切身愤怒。约翰·路易斯在当时是学生非暴力协调委员会的一名年轻领袖，在争取种族平等的斗争中，他多次遭到逮捕及殴打。路易斯希望能在集会上表达愤怒，但集会领导者不允许他批评美国政府。

两个月后，一位名叫马尔科姆·X的激进派黑人对“向华盛顿进军”游行表达了看法：

> 黑人在街上游行。他们谈论自己将如何向华盛顿进军……
>
> 在街上游行的是草根阶级，这吓坏了白人，吓坏了那些在华盛顿特区的白人统治阶级……
>
> 这就是他们对“向华盛顿进军”游行所做的事情。他们加入了它……成为它的一部分，然后接管了它……于是它成了一

次野餐、一个马戏团。它不过是一个马戏团而已，有小丑和别的一切东西……这是对游行的接管……他们告诉黑人什么时候进镇子、什么时候停止、举什么标语、唱什么歌、可以讲什么话、不能讲什么话，还告诉他们太阳下山之前要出镇子。

人们还是在用炸弹袭击黑人教堂、炸死儿童。新颁布的种种民权法案并未改变黑人的基本生活环境。

非暴力运动之所以在南方的民权运动中取得成效，一部分是因为它成功让全国的舆论批判奉行种族隔离主义的南方。但是 1965 年，非裔美国人有一半居住在北方；而在城市中，贫民窟和贫苦黑人区的问题十分严重。

1965 年夏，洛杉矶瓦特区的贫民窟爆发了街头暴动，发生了打砸抢烧事件，34 人遭到杀害，受害者大多是黑人。

次年，更多的类似事件爆发了。1967 年，各地的黑人贫民窟则爆发了美国史上规模最大的城市暴动，共计 86 人死于枪击，大多死于新泽西州纽瓦克及密歇根州底特律。

马丁·路德·金仍然备受尊敬，但新的英雄人物正在取而代之。他们的口号是“黑人权力”。他们不相信白人每次给的一丁点的所谓“进步”，他们认为白人不知道对黑人来说什么才是最好的。

马尔科姆·X 是“黑人权力”运动的主要发言人。1965 年，他在演讲中途遭到刺杀。他过世之后，上百万人阅读了他的自传。他身后的名声比他在世时更大。“黑人权力”运动的另一位发言人是黑豹党的休伊·牛顿（Huey Newton），该组织配有枪支，认为黑人应当保护好自己。

马丁·路德·金越发担忧民权法案未能触及的问题：贫困问题。他同时对越南战争发表反对看法，他说："我们耗费巨资换取死亡与毁灭，可花费在生命与建设性发展上的资金却少得可怜。"

联邦调查局监听马丁·路德·金的私人通话，敲诈他、威胁他。美国国会1976年的一份报告指出，联邦调查局"想要摧毁马丁·路德·金博士"。但是这最终发生在了他在田纳西州孟菲斯的旅馆房间外的阳台上。在那里，他遭到了暗处一名枪手的杀害。

马丁·路德·金的死引发了新一轮的城市暴力事件。非裔美国人发现，针对他们的暴力事件和不公正仍未停止。在美国历史上，对黑人的攻击无尽地重复，而这源于国民脑海中根深蒂固的种族主义。但现在还有别的东西：联邦调查局和警方将激进的黑人组织列为目标，比如黑豹党。

政府是否担心黑人会把注意力从选举等事务转移到更为危险的事情上，比如贫富问题？如果穷苦白人和黑人联合起来，那么大规模的阶级矛盾将成为现实。

但是，如果邀请一部分黑人加入权力体制，那么他们可能就不会参与到阶级冲突中去。于是，非暴力黑人组织的领袖开始出入白宫。白人掌控的银行开始帮助黑人企业。更多的黑人面孔出现在报纸和电视上。这些改变虽然不大，但获得了大力宣传。它们也把一些黑人领袖吸引到了主流社会中去。

1977年，已有超过2000名非裔美国人在南方城市中出任政府职务。这是一个巨大进步，但这一人数在所有的获选官员中的比例还不到3%，而黑人在全国人口中的比例为20%。

更多的黑人可以上大学了，他们可以读医、学法。北方城市用公交车把孩子送来送去，把学校整合起来。但是，这些举措对失业、贫困、犯罪行为、毒品成瘾和暴力事件毫无帮助，而这些正在摧毁贫民窟的下层阶级黑人。与此同时，政府对非裔美国人的帮扶项目似乎更偏袒黑人而非白人。穷苦白人和黑人为了工作、房屋以及政府专为穷人开办的条件恶劣的学校展开竞争时，新的种族矛盾又得到了助长。

20 世纪 70 年代中期并没有发生大规模的黑人运动。但是，黑人已经产生并保有一种全新的自豪感和自我意识。它将在未来发展成为什么形式呢?

第十八章

越　南

“亲爱的爸妈,”一位美国士兵在从越南寄回的家信中写道,“今天我们外出执行的任务让我觉得,我自己、我战友还有祖国,不是那么值得我骄傲。”什么样的战争会让士兵产生这样的想法?是一场让许多美国人感到愤怒、以祖国为耻的战争。

将近 10 年,世界历史上最富有、最强大的国家想要打垮一个不起眼的农业国家中进行的革命运动,却吃了败仗。美国与越南这个东南亚国家展开的战争,代表的是现代军事技术与有组织的人类之间的对抗,而后者取得了胜利。

越战也引发了美国历史上最大的反战运动。成千上万的人上街游行,学生组织抗议活动,艺术家、作家和士兵大胆批评战争。反战运动轰轰烈烈、经久不衰,促成了战争的结束。

共产主义与战斗

“二战”爆发之前，法国控制着越南。战争爆发后，日本军队占领了这个国家。共产党人胡志明带领越南人民发动革命运动，抵抗日本人的侵略。战争结束后，革命分子在越南北部城市河内庆祝胜利。百万民众涌上街头，对祖国最终摆脱了外国控制欢欣鼓舞。

但是西方势力此时已在侵蚀他们的自由。很快，英美两国帮助法国重新控制越南。北方的革命分子奋起抵抗。1946 年，法国开始轰炸他们，这就是针对越南独立同盟会的战争的开端，这场针对越南共产主义运动的战争持续了八年*。美国在战争中为驻越南的法军提供了 100 万美元的军事援助和不计其数的武器。

美国为什么要帮助法国？官方的理由是遏制共产主义在亚洲的崛起。中国和朝鲜的共产党已经掌权。冷战正处于白热化阶段，共产主义被视为美国面临的最大威胁。但是是否还有其他理由呢？

美国政府 1952 年的一份秘密备忘录谈到了东南亚的资源，那里的橡胶、锡矿和石油对美国来说举足轻重。如果反美政府在越南上台，那么这就可能妨害美国的影响和利益。1954 年，美国国务院的一份备忘录中写道：“如果法军最终决定（从越南）撤退，那么美国就必须认真考虑是否要接管该地区。”

同年，法军确定从北越撤出。根据停战协定，越南独立同盟会同意留在北部地区。北越和南越本应在两年后统一，那时越南人民将可以通过选举产生自己的政府。当时的形势是，他们可能会选择

* 第一次印度支那战争。——译者注

胡志明和他的越盟。

美国迅速采取行动，阻挠南越与北越统一。为了让南越处于美国控制之下，美国让吴庭艳掌握了政权，虽然他是亲美人士，但并不受越南人民欢迎。

吴庭艳并未如期举行选举。大约在 1958 年，越南南方民族解放阵线展开了对南越政府的进攻，该游击队组织得到了北越共产党政府的支持。

共产主义运动在南方势力大增。对越南人民来说，这场内战不仅仅是反抗吴庭艳的战争。战争的目的是重组社会，让普通百姓对自己的生活有更多的自主权。对吴庭艳的公开反对多了起来。佛教僧人自焚身亡，抗议南越政府。

根据国际和平协议 *，美国只能向南越派遣 685 名军事顾问。但美国却派出了数千名顾问，他们中的有些人帮助对抗游击队。美国已经秘密地加入了一场非法战争。

接着，美国政府认定吴庭艳对他们控制南越没有帮助。中央情报局秘密煽动越南的高级军官推翻吴庭艳。他们对吴庭艳在海边的府邸发起进攻，处决了吴庭艳和他的弟弟。

三周后，美国总统约翰 ·F. 肯尼迪在得克萨斯州遇刺身亡。副总统林登 ·B. 约翰逊接任总统一职的同时，也接过了越南这个难题。

1964 年 8 月，约翰逊向美国民众表示，北越政府向美国海军的军舰 † 发射了鱼雷，这是谎话。这艘军舰一直在为中央情报局监视越南水域，而且并未遭到鱼雷攻击。但是“攻击”为美国提供了向北

* 1954年关于印度支那停战的《日内瓦协议》。——译者注

† “马多克斯”号驱逐舰，舷号DD–731。该事件即北部湾事件。——译者注

西贡的部分地区被黑烟笼罩，消防车冲向点燃的火场，1968 年

越开战的口实。根据美国宪法，只有国会才能宣战。但是，国会并未正式宣战，却赋予了总统在东南亚采取军事行动的权力。

美国战机开始轰炸北越。他们也对南越那些被认为藏有越南共产党人的村庄实施轰炸。有时他们会丢下凝固汽油弹，这种凝胶状的汽油会对人类皮肤造成毁灭性的后果。《纽约时报》1965 年 9 月的一篇文章描述了它的影响：

> 在另一个三角洲地区，一个女人的双臂都被凝固汽油弹烧没了，眼睑严重烧伤，无法闭上眼睛。睡觉的时候，她的家人就用毯子盖住她的头。这个女人是在空袭中受的伤，而那场空袭还夺走了她两个孩子的性命。没有多少美国人赞同政府在南越的空袭行动……每天都有无辜的南越平民死去。

美军部队也涌入了南越。到 1968 年上半年，南越的美军超过 50 万。在他们突袭村庄、搜捕游击队的时候，平民和敌军之间的界限模糊了。

1968 年 3 月，一队美军士兵进入了美莱村。他们包围了村民，包括老人和抱婴儿的妇女在内。然后他们命令村民走进一条水渠，朝他们开枪。军队想要掩盖美莱村惨案，但消息泄露后，几名军官受到了审判。审判期间，一篇报纸文章描述了美莱村大屠杀：

> 凯利中尉和一名流着泪的机枪手保罗 ·D. 米德洛——正是这名士兵在射杀孩童之前喂他们吃糖——把俘虏推进了水渠……村民压在彼此身上；母亲试着保护自己的孩子……450 至 500

人死在这个尸坑中，大多是妇女、儿童和老人。

凯利被判终身监禁，但最终只在公寓中被软禁了三年。一位军官承认，还有许多和美莱村屠杀类似的惨案没有揭发出来。

随着战争的继续，美国开始轰炸越南邻国老挝。这是为了防止越共在那里经营基地，同时掐断越共的补给线。对老挝的轰炸没有向公众公开，但当美国后来轰炸柬埔寨的时候，消息终于传到了民众那里，并引发了强烈的抗议。

“这种疯狂行为必须停止”

美军火力凶猛，但越南的抵抗并没有罢休。而在美国国内，公众开始反对这场战争。有些人对战争的残酷大为震惊，其他人则单纯认为，这场到 1968 年上半年就造成了四万美军士兵死亡、25 万士兵受伤的战争是一个失败。

约翰逊总统已经让残酷的战争升级，却还是没能赢下来。他的民望跌入谷底，每次出席公众场合时他都会遭遇反战游行。抗议者齐声高喊：“约翰逊，约翰逊，今天你杀了多少孩子？”

从一开始就有美国民众反对美国在越南的行动。最早的几次抗议行动由民权运动衍生而出——或许是因为黑人与政府打过的交道让他们怀疑所有“为自由而战”的旗号。1965 年，密西西比州的年轻黑人得知自己的一个同学在越南阵亡，于是开始分发宣传册，上面写着：“在密西西比州的黑人获得自由之前，密西西比州的黑人不应该为了争取白人的自由而去越南参战。”

作为民权运动中的一大组织，学生非暴力协调委员会表示，美国在越南违反了国际法。该组织呼吁停战。六名委员会成员闯入亚拉巴马州的征兵站，遭到逮捕后被判处七年徒刑。

学生非暴力协调委员会活动家朱利安·邦德（Julian Bond）被选入佐治亚州议会。在他表达对越战和征兵的反对后，其他的州议会议员拒绝让他就职。最高法院恢复了他的职位，表示宪法第一修正案赋予了他言论自由。

1967 年，马丁·路德·金在纽约市河滨教堂针对越战发表了演讲：

> 必须想办法停止这种疯狂行为。我们必须立刻停手。我以上帝之子及越南受难者兄弟的身份说话。我为那些土地化为焦土、家乡惨遭摧毁的人说话……我为美国的穷人说话，他们为国内破灭的希望和越南的死亡及腐败付出双重代价……我以美国人的身份向祖国的领导人说话。我们在这场战争中握有巨大的主动权。我们必须利用这种主动权停战。

天主教的神父和修女加入了这场反战运动。菲利普·贝里根（Philip Berrigan）神父是参加过“二战”的退伍军人，他和很多其他人一样，因为破坏征兵委员会办公室里的文件而入狱，而年轻人有义务在委员会办公室登记服役。菲利普的哥哥丹尼尔同样是神父，也因为类似的行为遭到监禁。

成千上万的美国男性逃往加拿大和欧洲。有些人是逃避兵役，其他人则是开小差的士兵。军人内部，反战情绪高涨，现役军人和退伍军人概不例外。有些人冒着遭到被惩罚的危险发表抗议。一名海军护士因为穿着制服参加和平示威而受到军法审判，两名黑人海军陆战队士兵因为对他人发表反战言论而入狱。

在《生于七月四日》（*Born on the Fourth of July*）这本书中，反对越战的退伍老兵罗恩·科维奇（Ron Kovic）讲述了自己的故事。17 岁时，他应征加入美国海军陆战队。在越南服役期间，炮弹伤到他的脊柱，他从此半身不遂。回国之后，坐在轮椅上的科维奇投入反战运动。在一次示威中，他诉说了自己被捕后受到的待遇：

> “你叫什么名字？”桌子后面的官员问道。
>
> “罗恩·科维奇，”我说，“职业是越战老兵，但我反战。”
>
> “什么？”他朝下看我，语气里带着挖苦。
>
> “我是反战的越战老兵！”我差不多是喊出来的。
>
> “你就应该死在那边。”他说。他转过头去又对助理说：“我想把这个家伙从房顶上扔下去。”

反战运动日益壮大，无法阻挡。1965 年，对北越的轰炸开始时，100 人在波士顿聚众抗议。然而在 1968 年 10 月 1 日，全国都掀起了反战运动，在波士顿参加示威的群众达到 10 万人，全美参与抗议的则有 200 万人。

各界名人和普通百姓都表达了对战争的反对。著名剧作家阿瑟·米勒获邀拜访白宫，但他拒绝前往。歌手厄莎·基特（Eartha Kitt）虽然应邀前往白宫，却在总统夫人面前发表反战看法，令人大跌眼镜。获奖的一名少年获邀前往白宫领奖，他去后批评了战争。

即便是一些与政府关系密切的人士也无法忍受了。丹尼尔·艾尔斯伯格原在海军陆战队服役，他曾协助国防部撰写一份机密的越战记录。他和一位朋友最后决定公布这份文件。他们把五角大楼文件泄露给《纽约时报》，该媒体公布了文件部分内容。

那时，共和党人理查德·尼克松已经取代了民主党人林登·约翰逊成为美国总统。尼克松想通过最高法院阻止《纽约时报》公布五角大楼文件，但没能成功，于是政府将艾尔斯伯格和他的朋友告上了法庭。但由于尼克松的水门事件，审判被终止。

1973 年秋，北越军队在南越部分地区站稳了脚跟。美国政府已经获胜无望。在对北越发动最后一轮猛烈的轰炸后，美国签署了和平协议，撤离了军队。南越政府虽然继续接受美国的扶持，但没有了美国军方的帮助，它无力抵御北越的进攻。1975 年，胡志明领导的越南共产党统一了越南。

越南战争是第二次世界大战后所形成的美利坚帝国遭遇的第一次失败。这场失利的根源是越南革命军的抵御和国内的大规模抗议行动。但是，美国国内的反抗运动已经不再只限于越南战争了。

第十九章

意料之外

“时代啊，它正在改变。”鲍勃·迪伦在 20 世纪 60 年代唱道。迪伦写了一些带有强烈抗议精神的歌曲。在《战争大师》(Masters of War)这首歌中，他想象那些发起战争、利用战争牟利的人毙命。不过迪伦也唱一些颂扬自由和个人表达的歌曲。他的音乐抓住了 20 世纪六七十年代美国社会的脉搏。

这是反抗的年代。民权运动和反对越战运动是更广大的改革运动的一部分。人们丧失了对权势集团的信心，后者是包括企业、政府、学校和医疗产业在内的庞大势力。人们质疑自己被告知的东西。人们认为完全可以为自身利益考虑，并且尝试采取新的方式生活、教学、工作和创作艺术。

始料未及的新潮流开始席卷美国社会，将其带向了令人讶异的方向。两个最大的意外分别来自妇女和印第安人。

妇女解放

1960 年，16 岁及以上的女性中，超过 1/3 外出工作、赚取工资。然而她们中间只有 2% 把孩子送进托儿所，而且女性的工资也比男性低得多。社会将女性看作妻子、母亲和管家。很多男性都认为女性意气用事、不讲实际，应付不来有难度的活计。

即便女性在民权运动中扮演了重要角色、直面各种威胁，有些女性也还是明白，自己并没有受到男性的平等看待。埃拉·巴克（Ella Barker）原来在哈勒姆进行民权斗争，后来去了南方帮助组织抗议行动，她说：

> 我一开始就知道，作为一个女人、而且是年纪更大的女人，在一群习惯把女人当作支持者的牧师中间，我是没有机会做一个领导者的。

但是女性没有顺从。1964 年，民权工作者住在密西西比州的“自由之家”。女性继续发动抗议反对男性，后者认为女人就该煮饭铺床，而男人才是四处奔走、组织运动的正确人选。

时代正在改变。1966 年，全国妇女组织成立。次年，妇女群体说服林登·约翰逊总统禁止在联邦政府职位任命中歧视女性。

这时，投入民权运动和反战运动的女性已开始针对妇女问题组织自己的集会、采取行动了。1968 年早些时候，华盛顿特区的一次妇女反战游行来到了阿灵顿国家公墓，她们高呼“埋葬传统的女性观”。同年，一个叫“激进女性”（Radical Women）的组织抗议美国小姐大赛，把胸罩、假睫毛和假发丢进一个“自由垃圾桶”，这登上了新闻头条。

许多女性希望修订宪法以保证男女全面平等，于是着手让各州通过平等权利修正案。但现实情况是，即便她们取得成功，单凭法律也不足以改变人们对女性社会地位的看法。国会黑人女议员雪莉·奇泽姆（Shirley Chisholm）就说：

> 法律无法帮我们做到这一点。我们必须靠自己。这个国家的女性需要成为革命分子。我们必须拒绝接受陈旧、传统的角色和刻板印象……我们必须用积极的想法和行动取代对女性陈旧、消极的看法……

20 世纪 60 年代的妇女运动被称作女性解放运动，有时也被称作女权运动。它带来的最深远的影响也许就是“意识提升”（consciousness raising）。女性阅读或者谈论与自身相关的事务，这让她们重新思考自己原来的角色，拒绝女性比男性低一等的看法，并且体会到一种新的自信以及与其他女性的姐妹情。

女性运动中最早也最具影响力的一本书是中产阶级家庭主妇贝蒂·弗里丹（Betty Friedan）所著的《女性的奥秘》（*The Feminine Mystique*）。所谓“奥秘”，就是女性在社会眼中的形象，即放弃自身梦想，在妻子、母亲的身份中找到完全的满足。在满足这个形象要求的过程中，许多女性感到空虚和失落。弗里丹写道：“女性要想找到自我、了解作为人的自身，唯一的方法就是——和男性一样——通过自身的创造性活动。”

穷苦妇女则有着急需解决的担忧。她们有些人想要立刻消除饥饿、苦难和不平等。约翰尼·蒂尔曼（Johnnie Tillmon）和其他致力福利制度的母亲一起建立了全国福利权组织（National Welfare Rights Organization）。该组织希望女性能得到家务和抚养孩子等工作的报酬，并表示："只有当所有女性站起来之后，女性才能得到解放。"蒂尔曼解释说：

> 救济金就像交通事故。它可能落到任何人身上，而落到女性身上的可能性尤其高。这就是为什么救济金是一项女性事务的原因。对这个国家的许多中产阶级女性来说，妇女解放是一件令人关切的事务。对靠救济金过活的女性来说，这是一件生死存亡的大事。

社会对妇女的控制并不是由国家完成的。相反，这发生在家庭内部。男人控制女人，女人控制孩子；有时候如果出了差错，他们就彼此施暴。那么如果所有的情况都改变了呢？

如果女性解放了自己，男性和女性开始理解对方，那么他们会发现自己都受到了某件外部事务的压制吗？也许，家庭和情爱关系将会成为反抗外部体制的燎原之火，那么男性、女性还有孩子就能够合作改变社会。

学生权利

约翰·廷克（John Tinker）是一名15岁的文静少年，他“性格腼腆”“不食人间烟火”。他赢下了一场捍卫公民权利的法律诉讼，这场诉讼发生在越战的白热化时期，即1965年到1968年，当时美国社会处于一片骚动的时期。约翰·廷克、他13岁的妹妹玛丽·贝丝及他们15岁的朋友克里斯·埃克哈特（Chris Eckhardt）因为在学校里穿戴反战袖章而面临被开除。“人们遭到杀害，这对我是件重要的事情。”约翰·廷克后来说道。但是学校董事会主席奥拉·尼费尼格（Ora Niffenegger）不同意，他说：“我们必须遵循秩序，否则将陷入混乱。”

约翰·廷克、玛丽·贝丝和克里斯·埃克哈特最终决定不再佩戴袖章，以免真的被开除。但是他们为了捍卫表达抗议的权利，把得梅因教育部门告上了法庭。法官裁定他们败诉，而学校有权禁止学生佩戴袖章。

约翰·廷克、玛丽·贝丝和克里斯·埃克哈特决定上诉，而上诉法庭的裁决投票结果是4比4平局，因此案件交到了最高法院手中。1969年2月24日，最高法院做出裁决，此时的约翰已经是艾奥瓦大学的大一新生。最高法院裁定约翰·廷克、玛丽·贝丝和克里斯·埃克哈特胜诉，投票结果是7比2。他们赢下了这场官司！这项裁决今日仍然有保护表达自由的效力。这意味着，学校的行政人员不能因为学生可能与他们意见不合，就阻止他们自由表达自己的想法和意见。

最高法院法官亚伯·方特斯代表多数派撰写了裁决意见书。以下内容选自他的 11 页意见书，这在一起宪法相关案件中已经不算长了：

学校行政人员并不拥有对学生的绝对权威。

学生无论在校内还是在校外都不外乎宪法公民。

学校大门不能剥夺学生和教师的言论、表达自由等宪法权利。

公立学校不能成为极权主义的飞地。

百家争鸣、自由交流，如此获得真理才是最佳的教育方式，而不是通过命令式的筛选。

来源：约翰·W. 约翰逊，《学生权力斗争：廷克诉得梅因案及 20 世纪 60 年代》(*The Struggle for Student Rights : Tinker v. Des Moines and the 1960s*)，堪萨斯州劳伦斯：堪萨斯大学，1997 年。

印第安人起义

印第安人原本是美洲仅有的居民。后来，白人入侵者侵占了他们的土地。对印第安人的最后一次屠杀发生于 1890 年南达科他州伤膝河。这次屠杀造成了 200 到 300 名印第安成年人和儿童死亡。

印第安部落不断遭到攻击，印第安人的食物也被断绝。联邦政府将各个部落分隔开来，把他们圈进保留地，任由他们穷困潦倒。

1887 年一项法案[*]提出将保留地分割成个人所有的小块土地，试图借此让印第安人转变成美国式小农。然而，大部分土地落到了白人土地投机者手里；保留地的形式最后还是保留了下来，但是年轻的印第安人往往离之而去。

有那么一段时间，印第安人好像不存在了，或者已经融入了美国社会。20 世纪初，印第安人仅剩下 30 万。但是，正如一株遭到遗弃却拒绝凋零的植物，印第安人人口随后又开始回升。1960 年，印第安人达到 80 万，其中一半生活在保留地，另一半遍布全国各地的城市与乡镇。

随着民权运动与反战运动在 60 年代兴起，印第安人也开始考虑如何改善自身处境，他们组织了起来。

印第安人开始同美国政府接触，提出的话题令人尴尬：条约。美国政府曾同印第安人签订超过 400 项条约，但违背了每一项。就说在乔治·华盛顿就任总统期间，政府曾与纽约的易洛魁联盟签订一项条约，将一块土地划分给塞尼卡族（Seneca）[†]。但到了 20 世纪 60 年代早期，肯尼迪政府却对这项条约置之不理，在这块土地上建造了大坝[‡]，淹没了塞尼卡保留地的大部分区域。

但是全国上下的印第安人此时已投入抗议行动。在华盛顿州，有一项古老的条约划走了印第安人的土地，但仍保留他们的捕鱼权[§]。而随着白人人口增加，白人又想把渔场揽过来给自己。州法院

---

* 《道斯法案》（Dawes Act），因其提案人亨利·L. 道斯得名。——译者注

† 塞尼卡部落是易洛魁联盟成员之一，本项条约指1794年的《卡南代瓜条约》（Treaty of Canandaigua）。——译者注

‡ 金祖阿水坝（Kinzua Dam）。——译者注

§ 指1855年在基察普半岛“伪岬”（Point No Point，因其近观不似通常岬角地形而得名）签订的条约。——译者注

对印第安人关闭了流域，印第安人就在那里“静渔”* 示威。他们虽然因此进了监狱，但希望自己的抗议能得到更多曝光。

参与“静渔”示威的印第安人中，有一些是越战老兵。其中一位名叫锡德·米尔斯（Sid Mills），当他于 1968 年在尼斯阔利河（Nisqually River）被捕时，他表示：“我是亚基马（Yakima）和切罗基部落的印第安人后代，也是个男子汉。我为美国陆军服役总计两年零四个月。我在越南参加战斗，直至身受重伤……我在此宣布，今后不再履行兵役义务，不会为美国陆军服务。”

与之前的事件相比，1969 年发生的一起重大事件为印第安人的怨愤带来的关注则是前所未有的。阿尔卡特拉斯是旧金山湾一个小岛上的废弃联邦监狱，人们出于对它的厌恶起了个俗名叫“恶魔岛”。一天夜里，78 名印第安人登上阿尔卡特拉斯，占领了这块地盘。

带头的人有：理查德·奥克斯，他是莫霍克人（Mohawk），在旧金山州立大学进行印第安人研究；格雷丝·索普，她是萨克－福克斯人（Sac and Fox），也是著名橄榄球球星及奥林匹克运动员吉姆·索普之女。他们计划将这个小岛改造成印第安人环境研究中心。

其他印第安人前来加入他们。到 11 月底，已经有来自 50 个部落的超过 600 人参与其中。政府切断了岛上的通讯、电力和水资源，虽然许多印第安人因此被迫离开，但其他人还是执意留下。一年之后，他们仍在岛上，并对外发出了如下信息：

---

* “静渔（fish–in）”与静坐（sit–in）采用了相同的构词法，这里指印第安人不顾限令而进行捕鱼活动，抗议对他们捕鱼权的剥夺。——译者注

以自由、公正与平等的真实之名，我们仍坚守阿尔卡特拉斯岛。我们在这个星球上的兄弟姐妹，是你们为我们的正义事业提供了支持。

我们已经认识到，暴力只会滋生更多的暴力，因此我们占据阿尔卡特拉斯岛并未诉诸武力，我们希望美国政府也能采用和平手段……

我们是印第安人部落（Indians of All Tribes）！我们坚守恶魔岛！

六个月后，联邦部队侵入该岛，赶走了岛上的印第安人。

其他地方的印第安人抗议接连发生——在新墨西哥州，他们抗议在纳瓦霍族（Navajo）的土地上露天采矿；在加利福尼亚州，他们要求林务局归还土地。与此同时，印第安人针对他们遭到的文化灭绝也开始有所行动。埃文·黑尼（Evan Haney）是俄克拉何马州的一个印第安人，他回忆起自己的学校里虽然有一半小孩都是印第安人，但是“学校……从来不教任何印第安人文化的相关内容。印第安人历史的相关书籍一本也没有，连图书馆里也是如此……”黑尼知道这其中出了问题。于是他自己找书，学习自己的文化。

随着越来越多谈论印第安人历史的书籍得以出版，学校教师也开始反思这个话题应该如何讲授。他们抛弃了陈旧的刻板印象，为学生寻找新的信息来源，连学生自己也成了活动家。一个名叫雷蒙德·米兰达（Raymond Miranda）的小学生给自己一本书的出版商写了一封信：

敬爱的编辑：

我不喜欢《克里斯托弗·哥伦布的远航》（*The Cruise of Christopher Columbus*）这本书。我不喜欢它是因为它讲到印第安人的时候撒谎了……我不喜欢的另一个地方是书上第69页，上面说哥伦布邀请印第安人去西班牙，但他是把他们偷过去的！

1973年3月，美国的印第安人在南达科他州的派恩岭保留地（Pine Ridge Reservation）发出了一份强有力的声明。上百名美国印第安人运动（American Indian Movement）的成员占领了伤膝谷，而这正是1890年大屠杀的发生地。此次占领象征着印第安人对自己权利及土地的要求。

数小时内，联邦探员、执法官和警察就包围了这座小镇。他们用自动武器发起攻击，围困了镇内的抗议者。密歇根州的印第安人用一架小型飞机为他们送去食物，当局就逮捕了飞机的飞行员和租下这架飞机的医生。数周后，又有几架飞机为抗议者投放食物。印第安人赶去收集，联邦政府的直升机就朝他们开火。流弹击中了教堂中的一名男子，他不治身亡。

在经历了更多的枪战和另一起死亡事件后，印第安人和当局就结束封锁达成了一致。120名印第安人遭到逮捕。但是，在长达71天的抵抗中，他们在伤膝谷打造了一个社区，并且收到了世界各地支持者的来信。

20世纪60年代和70年代早期，美国社会发生了许多变化，有些是大变化，而另一些变化虽小，却意义重大。人们觉得可以无所拘束地做自己，同性恋群体觉得不大需要隐瞒自己的取向，

在华盛顿纪念碑前举行的美国印第安人运动，1978 年

开始有组织地抗议对他们的歧视。人们的穿着也更为随意，包括牛仔裤在内的舒适衣物在男女青年中间变得稀松平常。学生、家长和教师对传统教育发起质疑：数代以来，传统教育一方面灌输热爱祖国、服从权威的价值观，另一方面却忽视甚至歧视女性和有色人种。残障人士也拧成一股力量，他们发起运动，希望制定法律保护他们免受歧视。

在那个属于“文化变革”的年代，人们也开始意识到环境的变化。1962 年，蕾切尔·卡森的著作《寂静的春天》(*Silent Spring*) 引起轩然大波，人们这才意识到，原来现代技术所运用的化学品正在污染空气、水源和大地。《寂静的春天》一举成为畅销书，并促进了一场提倡环境清洁的运动 *。1978 年，纽约州拉夫运河镇一位名叫洛伊丝·吉布斯的女士发现自己的孩子生病了，在目睹其他人也遭受病痛的折磨后，她承担起一场运动的领袖责任，与利欲熏心、危害公众的大公司抗争。†

数十万民众加入各类环保组织，如塞拉俱乐部、荒野保护协会、“地球优先！”。1970 年世界地球日当天，10 万人在纽约第五大道发起游行；同时，全美 1500 所大学、一万所学校的学生都发起了保护环境的要求。很快，国会通过了一系列法案——《清洁水法》《清洁空气法》《濒危物种法》，并设立了美国国家环境保护署。虽然当时的美国政府并未把执行这些法律视为优先事务，而且罗纳德·里根在总统任期内其实削减了拨给国家环保署的资金，但是，环保运动仍然持续不断。

---

* 指停止使用农药滴滴涕（DDT）的运动。——译者注

† 拉夫运河事件，该事件直接促成了“超级基金”法案的诞生。——译者注

美国从未在如此短的一段时间内见证如此多的运动。但是，两百年的经验已经让权势集团熟知了不少控制民众的心得。到了 20 世纪 70 年代中期，它行动了起来。

第二十章

控制之下？

“政府是否受到少数的大型利益集团控制，为他们提供保护伞？”

1972 年，一家调查中心向美国民众提出了这个问题。超过半数受访者给出了肯定的回答。仅在 8 年前，做出这样回答的受访者只有大约 1/4。到底发生了什么？

20 世纪 70 年代早期的美国正处于变革之中。体制失控，民众对政府失去了信心，很多人对大公司同样抱有敌意。

越南战争大大加重了民众的不信任与愤怒。它造成 5.8 万美国人死亡，人们发现政府不但对他们撒谎，还做出了可怕的事情。美国人对体制丧失信心的另一个原因是水门事件，这一政治丑闻让美国总统首次辞职。很多人也非常关注美国是如何对待世界上其他国家的。

水门事件

水门事件始于白宫。共和党人理查德·尼克松当时是总统。他的支持者为了帮助他获得11月选举的胜利、成功连任，筹办了总统连任委员会（Committee to Re-Elect the President，缩写为CRP）。

1972年6月，华盛顿特区有5名窃贼遭到了逮捕。他们闯入了水门大厦，那里恰好是民主党全国委员会总部。警方发现，窃贼带着相机和电话窃听设备。其中一个人名叫詹姆斯·麦科德，是总统连任委员会的职员。另一名窃贼带着地址簿，里面写着E.霍华德·亨特的名字，地址是白宫。原来，亨特是在尼克松律师手下办事的。

和这些窃贼有关的不仅仅是尼克松竞选委员会及尼克松政府的重要官员，还有中央情报局。窃贼遭到逮捕的消息和他们与政府高层的联系还没来得及封锁就被公众知道了。

人人都在问：总统是不是和盗窃案有关？他知道这回事吗？窃贼被逮捕5天后，尼克松对记者说："白宫和这起事件没有任何关联。"

但到了第二年，不同的事实浮现了出来。尼克松政府里的人一个接一个开始坦白，有时候是为了保护自己免遭起诉。他们在法庭上做证，在调查水门事件的参议院委员会举行的会议上提供信息，或者向记者透露情报。他们披露了司法部长约翰·米切尔的违法行为，后者正将成为美国政府的高级律师。同样有罪的还有尼克松的两名高级助理，罗伯特·霍尔德曼（Robert Haldeman）和约翰·埃利希曼（John Ehrlichman）。尼克松自己牵扯得很深。

水门盗窃案并不是尼克松政府唯一的罪行。一份长长的罪行清单被揭露了出来，以下是部分内容：

• 司法部长米切尔控制着一个资金雄厚的秘密基金会，用以对抗民主党。打击民主党党员的方式包括伪造信件、窃取选举文件，以及对媒体透露虚假消息。

• 海湾石油公司和其他美国大公司为尼克松竞选提供了巨额非法政治献金。

• 1971 年 9 月，《纽约时报》开始披露五角大楼文件，即美国的越战相关记录文件，而当局锁定了丹尼尔·艾尔斯伯格，正是他泄露了文件。亨特和另一个尼克松支持者闯入精神科医生艾尔斯伯格的办公室行窃，寻找可以用来对付艾尔斯伯格的资料。

• 尼克松手下的国务卿亨利·基辛格犯下给记者和政府官员电话录音的违法行为。窃听所得材料被保存在白宫一个保险柜里。

• 尼克松非法获得了 500 万美元以上的免税额。

这项清单列不完。而随着政府的恶行遭到曝光，副总统斯皮罗·阿格纽也陷入了麻烦。阿格纽被控收取贿赂以提供政治恩惠。1973 年 10 月，他辞去了副总统的职位。尼克松选了民主党议员杰拉德·福特接替他的位置。

但很快，尼克松自己也跌下了权力的宝座。众议院当时已准备表决是否要弹劾尼克松。如果发生那样的事情，那么尼克松就将在美国参议院面临审判。如果参议院认定尼克松有罪，那么他就将被革职。尼克松知道，众议院会通过弹劾表决，参议院也会将他定罪。

尼克松没有等到让众议院来弹劾他。1974 年 8 月 8 日，尼克松

一名示威者要求弹劾尼克松，1973 年

主动辞职。接任尼克松总统一职的杰拉德·福特说："我们国家这个漫长的噩梦结束了。"

水门丑闻和总统辞职如何影响了政府？一个商人说道："游戏不变，变的只是玩家。"政治顾问西奥多·索伦森（Theodore Sorensen）表达了类似的看法："烂苹果就该扔掉。但是桶子要留下。"

桶子——也就是体制——留了下来。福特总统出任总统期间，商业巨头和势力强大的大公司仍在华盛顿拥有巨大的影响力。无论总统是尼克松、福特，还是任何共和党人或者民主党人，体制的运作方式不会有多大区别。公司势力对白宫的影响是美国政治体制中的一个事实，水门事件并未改变这点。为尼克松竞选提供非法政治献金的公司只受到了很轻的处罚——只不过是与他们的献金相比微不足道的罚款。

美国在海外

水门事件调查期间，许多秘密都得到了揭露。其中一个秘密与越南邻国柬埔寨有关。1969—1970 年间，美国在柬埔寨投下了上千枚炸弹。对柬埔寨的轰炸是越战的一部分，但一直都被掩盖起来没有让美国民众知道，连国会也不知情。这一情况被揭露后，加剧了人们对政府外交政策的不信任。

外交政策是一个国家政府对待其他国家的方式。有很长一段时间，美国的外交政策都集中于越战。但这场战争变得不受美国人民欢迎，因此当越战结束后，有些政府领导和商界领袖担心公众可能不再支持其他海外军事行动。

亨利·基辛格担心的正是这样的事情。他继续在福特总统手下担任国务卿。1975 年 4 月，他计划在密歇根大学发表演讲。但是，许多学生都对基辛格在越战中扮演的角色感到不满，于是发动了声势浩大的抗议，致使基辛格最终决定取消行程。政府声望在当时陷入低谷。政府该怎样提升自身形象呢？

“美国必须在世界上某个地方有所行动，彰显维持自身世界强国地位的决心。”基辛格说道。次月，美国抓住了秀肌肉的机会。

美国商船“马亚克斯”号当时正在通岛附近航行。这座岛是柬埔寨领土，而革命党政府刚刚在柬埔寨上台。柬埔寨人扣留了商船，把船员带到本土。船员后来表示他们受到了礼遇。

福特总统要求柬埔寨释放商船和船员。36 小时后，美国战机开始轰炸柬埔寨船只，甚至包括那条载有美国海员的船。柬埔寨很快就释放了美国人，但是福特已经下令进攻通岛，即便他知道美国船员并不在那里。

在对通岛的进攻中，共有 41 名美国人丧生。为什么要急着轰炸？为什么“马亚克斯”号和船员都已释放，福特却还是下令轰炸柬埔寨本土？

为什么呢？是为了向世界表示，美国这个大国即便被越南这个弹丸之地打败了，也还是足够强大。但是很多新闻工作者和电视台记者都对“马亚克斯”号行动给出了“成功”“高效”的评价。美国应当在世界每个角落彰显自己的权威，这个想法的背后似乎正是权势集团。这个想法在自由派和保守派、民主党和共和党中间达成了一致。

两架美国空军直升机在通岛坠毁，1975 年

国会在“马亚克斯”号事件中扮演的角色和在越战早期中的角色没什么两样：像一群绵羊。1973 年，国会无法继续忍受越战，于是通过了《战争权力法》。该法律规定，总统在采取军事行动前必须与国会协商。但是在“马亚克斯”号事件中，福特无视了这项法律。他的助理召集了国会 18 名成员，告诉他们军事行动的消息，没几个人表达反对意见。

水门事件让中央情报局和联邦调查局的形象一落千丈。这两个部门打破了自己宣誓要捍卫的法律，帮助尼克松进行非法活动。当国会在水门事件之后设立委员会，调查这两个部门的时候，它发现了更多肮脏的秘密。

中情局曾策划刺杀外国领导人，比如，古巴的菲德尔·卡斯特罗。它把一种家畜疾病偷偷带进古巴，造成古巴 50 万头猪死亡。中情局还策划行动破坏智利政府，其当时处于马克思主义者萨尔瓦多·阿连德的领导之下。他是智利人民通过合法途径选出的，但美国与他的政见不合。

至于联邦调查局，它则耗费多年精力破坏并摧毁左翼团体和激进组织。它寄出伪造信件、违法查看信件内容，仅在 6 年时间内就犯下 90 起以上的盗窃罪行。联邦调查局甚至有卷入谋杀弗雷德·汉普顿（Fred Hampton）的嫌疑，他是一位黑豹党的非裔美国人活动家。

所有这些信息都以不便阅读的大部头报告摆在公众面前。电视台记者没有发表多少评论，报纸也没有进行全面报道。参议院甚至允许中央情报局审核与它相关的报告，以免报告中含有他们不想让人们看到的内容。因此，虽然种种调查似乎让人以为诚实的社会正在解决它的问题，但大众媒体和政府并没有鼓励公开、开放讨论这些问题。

尼克松总统下台了……国会调查中央情报局和联邦调查局干的坏事……这些事情应该重新赢得美国民众对政府的信心，那么它们有效吗？

1975年的一项民意调查显示，自1966年以来，人们对军方、企业和政府的信任就一直下跌。只有13%的受访者表示自己对总统和国会怀有信心。

也许人们的满意度下降与经济有关。当时，失业率上升，人们丢了工作，失业救济金也用尽了。越来越多的美国人对未来感到更加消极。

1976年，总统选举近在眼前，权势集团担忧民众对体制的信心不足。那一年同时也是《独立宣言》的两百周年纪念，因此策划了隆重的庆典。组织者也许认为这能重新唤醒美国人民的爱国主义情怀，驱散20世纪60年代以来的反抗情绪。

但是，民众似乎对两百周年纪念活动没有多少热情。波士顿虽然组织了倾茶事件的两百周年纪念活动，但大批群众反而参加了一场民间组织的"反庆典活动"，把箱子推进波士顿湾。这些箱子上写着"海湾石油"和"埃克森美孚"，象征的正是美国大公司。民众的反抗情绪并未消退。

第二十一章

权术照旧

1979 年，生活在美国的 1 000 万儿童在生病时可能无法就医取药，因为他们不知道哪里提供固定的医疗保健服务。17 岁以下的 1 800 万孩子从未看过牙医。

上述事实由玛丽安·赖特·埃德尔曼（Marian Wright Edelman）指出。作为儿童保护基金会（Children’s Defense Fund）主席，她致力改善美国儿童的生活，尤其是贫困儿童。她希望让人们了解保障体系在保护儿童方面的漏洞，因为美国国会刚刚撤销了对一个儿童健康项目的 8 800 万美元拨款。

这时的美国面临着重重难题。越战和水门丑闻令许多民众丧失了对政府的信心。他们很多人还担心钱的问题：未来还有办法养家糊口吗？会不会陷入贫困？而随着人们意识到空气污染和水污染带来的威胁，环境则成了另一个担忧。

这些问题只有在社会经济结构方面开展大刀阔斧的改革才能

解决。然而，共和党和民主党这两个主要政党中，没有人提出大力改革。相反，两个政党都遵循历史学家理查德·霍夫施塔特所说的“美国政治传统”。

该传统的两大支柱分别是资本主义与民族主义。资本主义的经济体制助长巨大贫富差距，巨富与赤贫并存。民族主义则认为美国利益优于其他国家利益，因此鼓励准备并发动战争。20世纪末，虽然民主党和共和党轮流执政，但他们都没有提供社会的新图景。

微微左倾

民主党人吉米·卡特在1977年到1980年*出任美国总统。他带领美国“左倾”，倒向自由主义，但倾斜幅度很小。虽然卡特政府针对黑人和穷人做出了一些表示，也在世界各地发表了一些保护人权的言论，但他们并没能逾越美国传统政治的范围。

卡特任命曾参与民权运动的黑人安德鲁·扬（Andrew Young）为美国驻联合国大使。扬在非洲的黑人国家中为美国建立了良好的信誉。卡特政府也要求白人统治的南非废除种族隔离，因为这一法律体制令南非黑人无法在经济和政治上获得平等地位。

黑人对种族隔离制度的反抗使南非陷入混乱。如果混乱进一步升级为全面内战，那么就可能威胁美国利益。南非的雷达系统帮助美国追踪许多国家的飞机和卫星，南非还出产多种重要原料，尤其

* 卡特任期为1977年1月至1981年1月。1980年应为原文之误。——译者注

美国第 39 任总统吉米 · 卡特，1977 年

是运用于工业和珠宝业的钻石。如果说美国表态反对南非种族隔离是因为它的道德错误，那么美国希望南非稳定和平同样也有现实方面的考量。

越战期间，卡特把自己塑造成反战运动的支持者。但是卡特却不反对尼克松总统的轰炸攻击，而在越战结束后，卡特又拒绝帮助越南进行重建。身为总统，卡特延续了美国政府对伊朗、尼加拉瓜、菲律宾和印度尼西亚等国家残暴政权的支持。这些国家的政府虽然对政治异见者采取残忍、专制的手段，比如严刑拷打、大规模屠杀，却还是得到了美国的扶持，包括军事援助。

如果说卡特的职责在于恢复公众对体制的信心，那么他最大的失败就是未能解决人民的经济困难。军费预算仍然庞大，而政府则在其他方面省下了资金。比如说，农业部就表示一年能省下 2 500 万美元，省钱的办法却是不再额外给贫困学童提供免费牛奶。

食品和其他必需品的价格比人们的工资上涨得更快。许多人甚至没有工资。年轻人，尤其是黑人年轻人，失业率高达 20% ~ 30%。

美国的财富与贫困

1980 年，卡特在总统大选中败给了共和党人罗纳德·里根。卡特时期微弱的自由主义气息就此消散。里根两个任期期满后，另一名共和党人乔治·布什上台了。

里根和布什政府奉行相似的政策。这些政策包括削减穷人福利、对富人降税以及提高军费预算。这两任政府还为联邦法院体系引入了很多保守派法官，他们对法律的阐释往往有利于右翼团体和权势集团的利益。比如说，里根和布什时期的最高法院不仅恢复了死刑，还做出裁定称，可以强制穷人为公共教育付费。

在里根的第一个四年总统任期内，美国军方获得了超过 1 万亿美元的军费。为了支付高昂的军费，里根削减了对穷人的补助。这些削减造成的人道主义代价是惨痛的。超过 100 万学童不再享受学校里的免费午餐，而对他们有些人来说，学校提供的午餐占据了每日营养摄入量的一半有余。抚养未成年儿童家庭援助计划（Aid to Families with Dependent Children，缩写为 AFDC）是为单身母亲提供资助的福利计划，它同样遭到了打击。很快，美国的 1/4 儿童，即 1 200 万儿童，陷入了贫困。

一位母亲在给当地报纸的信中写道：

> 我参与了抚养未成年儿童家庭援助计划，我有两个孩子，他们都还在上学……
>
> 似乎我们的就业办不能解决就业问题，我们的政府不能治理国家，我们的经济体制不能为愿意工作的人们提供工作……
>
> 上个礼拜我把床卖了，因为要付汽车保险费，这都是因为没有公共交通，所以我得开车去找工作。我现在把一块泡沫橡胶当床，这还是别人送我的。
>
> 我父母为了实现美国梦才来到这个国家：勤奋刻苦、上所好学校、遵纪守法，只要这样就能做个有钱人。我不想做个有钱人，我只想能养活我的孩子，日子过得能有点尊严……

民主党和共和党都与财力雄厚的公司有密切的联系，都批判福利制度。但是普通大众又怎么看待帮助那些运气稍差的人呢？

1992 年一项民意调查显示，当被问及“福利”的时候，44% 受访者表示花在上面的钱太多了。但是被问到“帮助穷人”的时候，只有 13% 的人认为投入过多，64% 的人则认为投入过少。美国民众似乎仍然对贫困人群慷慨大方，只是“福利”已经成了一个政治用词，也就是说提问的措辞决定了人们的回答。

在里根任期中，美国贫富差距大幅扩大。1980 年，企业高管的工资是普通工人的 40 倍；1989 年，这一差距扩大到了 93 倍。

社会底层的民众陷入了比以往更糟的境遇。黑人、西班牙裔、妇女和年轻人遭到的经济打击尤为严重。20 世纪 80 年代末，至少 1/3 的黑人家庭生活在贫困线以下。黑人的失业率比白人高得多，平均寿命也更短。民权运动的胜利虽然让一些非裔美国人得以迈向更好的生活，却也把其他人远远丢在了后面。

沙漠风暴

“二战”结束后，国际事务最大的转折发生在乔治·布什上任后不久。1989 年，苏联和其影响下的东欧国家爆发了抵制独裁的抗议。

几乎就在一夜之间，老牌共产主义政府分崩离析，新的非共产主义政府上台。隔离了西德和东德的柏林墙在欢呼雀跃的群众面前被推倒。最令人惊讶的是，所有这些事情都没有经过内战，而是对人民压倒性要求的呼应。

美国政治领袖对苏联的突然解体毫无准备。为了帮助美国抵御“苏联威胁”，政府从美国纳税人那里征得数万亿美元，在世界范围内建设军事力量。现如今，威胁不复存在。这正是美国重新打造外交政策的机会，无数的资金可以从军费中解放出来，用以建设有益的项目。

但这并没有发生。领导层中出现了恐慌情绪，他们不知道如何才能保住这么多年来耗费了这么多金钱的军方权势集团。布什政府似乎就是为了证明仍然需要庞大的军队，才在 4 年内就发动了两场战争。

第一场战争发生在中美洲的巴拿马，曼努埃尔·安东尼奥·诺列加是那里的独裁统治者。长年以来，美国一直无视诺列加残忍腐败的治国方式，因为他在很多方面都配合美国中央情报局的工作。但是，一旦公众知道了诺列加走私毒品，那么他的利用价值也就到此为止了。

1989 年 12 月，美国入侵巴拿马，声称要让诺列加因为毒品罪而受到审判。美国军队很快就捉到了他，让他接受了审判并进入美国监狱服刑。但是，美军对巴拿马的轰炸杀死了成百上千的平民，让 1.4 万人无家可归。

如果巴拿马发生的只是一场小型战争，那么布什的第二场战争规模则要大得多。1990 年 8 月，伊拉克入侵与它毗邻的小国科威特，因为那里石油资源丰富。10 月 30 日，布什政府秘密决定对伊拉克开战。

美国民众被告知，这场战争是为了把科威特从伊拉克手中解救出来，同时防止伊拉克发展核武器。但事实上，美国发动战争的主要原因有两个：一是为美国控制中东石油赢得更大的话语权；二是通过证明布什有能力赢下海外战争而增加他的连任机会。

数月之间，政府和主要媒体都向公众灌输伊拉克残暴独裁者萨达姆·侯赛因的危险之处。即便如此，支持战争的美国人也还是少于一半，但这无法阻止政府向伊拉克近旁的波斯湾派出 50 万大军。

海湾战争期间的美国士兵，1992 年

1991 年 1 月，国会批准布什开战。对伊拉克军事力量的空袭开始了。布什称这场战争为“沙漠风暴”。与战斗相关的新闻受到军方和政府的严密管控。这场战争中的重头戏是激光制导的“智能导弹”，这些导弹被认为精度奇高，能够有效打击军事目标，避免伤及平民。

民众被这些导弹的“智能”程度欺骗了。上万伊拉克平民，包括妇女儿童在内，都死于空袭，而美国空军重新启用传统导弹后，伤亡更加惨重。一名埃及目击者就描述了对伊拉克首都巴格达南部一家旅馆的攻击：“他们袭击旅馆，里面住满了一个个家庭，然后他们又回来炸了一遍。”

这场战争持续了不到 6 周。此后显然可以看到，对伊拉克的轰炸带来了饥荒、疾病和无数儿童的死亡。虽然美国政府在开战前的几个月里将萨达姆·侯赛因刻画成严重威胁，但是战后他仍然在位。美国似乎只想削弱他，而不是解决掉他。此前，萨达姆有效遏制了邻国伊朗成为地区强国，因此以后可能还会派上用场。

布什总统和主要媒体都欢呼美国在“沙漠风暴”中的胜利。他们宣称，越战失败的鬼魂和阴影已经消散，美国已向世界证明自己的能力。

但是加利福尼亚州的一名黑人诗人琼·乔丹（June Jordan）却有着不同的看法。她把赢下战争的喜悦比作致命毒品的效果，说道：“我要告诉你们，这和打一针毒品没什么两样，效果不会长久。”

第二十二章

反　抗

20 世纪 90 年代初，一位名叫基思·麦克亨利（Keith McHenry）的年轻活动家多次遭到逮捕。还有上百人也遭遇了同样的事情。那么他们的罪名是什么呢？原来是未经食品分发许可就把食物分给穷人。

麦克亨利与跟他相似的人都隶属一个叫“不要炮弹要食物”的项目。当时的政府和大公司势不可当，正是他们这种勇敢的抗争行为才让抵抗精神延续下去。

20 世纪 60 年代，反对种族隔离和反战的抗议浪潮已在全国内形成一股强大力量。但 70 年代末、80 年代以及 90 年代早期的反抗运动又有所不同。活动人士与漠然的政治领袖展开艰难的斗争，他们努力把信念传递给同胞，尽管当时很多人都认为选举、抗议一概没用。

政客大多无视这种反抗运动，主流媒体也不常报道。即便如此，全国的数千个地方组织仍在辛苦忙碌，这些组织中的活动人士为形形色色的目标而奋斗，比如，环境保护、妇女权利、为流浪汉提供住房，以及停止划拨军费。

别再造核弹

反核运动始于 70 年代末，当时的总统是吉米·卡特。这场运动规模不大，但彰显了抗议者的决心。曾参与反越战抗议的基督教活动人士开启了这场运动。他们由于在白宫和军方总部五角大楼采取的非暴力行动实属惊世骇俗而遭到逮捕：他们闯入禁区，把自己的血涂在军事装备上。

80 年代，更多人加入了反核运动，抵制罗纳德·里根总统的巨额军费预算。妇女起到了领导作用。里根当选总统后不久，2 000 名妇女就在华盛顿特区召开集会，朝五角大楼进发，最终包围了大楼。140 名妇女因堵塞入口而被捕。

一些医生开始向公众宣传核战争对身体造成的伤害。他们组建了关注社会责任医师协会（Physicians for Social Responsibility）。协会领导人海伦·考尔迪科特（Helen Caldicott）成了这场运动中举足轻重的发言人。

参与原子弹开发的科学家也为反核运动发声。一位科学家*在因癌症辞世之前，敦促民众组织“一场规模空前的和平倡议群众运动”。

一场规模空前的群众集会发生在 1982 年 6 月 12 日的纽约市中

---

* 指乔治·基斯佳科夫斯基（George Kistiakowsky）。——译者注

央公园。约 100 万人聚集在那里，呼吁美国和苏联终止开发致命武器的军备竞赛。这是美国历史上规模最大的政治示威活动。

儿童保护基金会主席玛丽安 · 莱特 · 埃德尔曼，1994 年

社会问题

引发抗议的不仅仅是军备竞赛，人们对里根削减社会保障同样报以愤怒的回应。1981 年，东波士顿居民上街抗议政府削减社区教师、警察和消防员的工资预算。他们在交通高峰期堵住主要街道，这样的抗议持续了 55 天。《波士顿环球报》报道称这些抗议者“大多是中产阶级或工人阶级的中年人士，他们表示自己此前从未参与任何抗议”。波士顿警长说道：“也许这些人从六七十年代的抗议中汲取了经验。”

很多人都看到了美国的军事政策和失灵的社会保障制度两者之间的联系。资金没有用到孩子身上，而是用到了武器装备上。1983 年，儿童保护基金会的玛丽安·莱特·埃德尔曼在对一个毕业班的学生做演讲时说道：

> 你们毕业后将踏入的这个社会正处在道德沦丧与经济破产的边缘。1980 年以来，我们的总统和国会一直在……榨取穷人的利益为富人输送血液……儿童是重大受害者。

南方并没有发生 20 世纪 60 年代民权运动那样大规模的运动。即便如此，也有成百上千的当地群体把穷苦的白人和黑人组织起来。北卡罗来纳州有一位琳达·斯托特（Linda Stout）女士，其父亲因工业污染过世，她发起了皮埃蒙特和平项目（Piedmont Peace Project）。这一组织的成员数量不少，都是纺织工人、女仆和农夫。他们中间很多人是低收入的黑人妇女，她们通过这个组织得到了发声的机会。

拉丁裔（墨西哥裔或有拉丁美洲血统的美国人）也提高了他们反抗不公的呼声。20 世纪 60 年代，塞萨尔·查韦斯（César Chávez）带领墨西哥裔农场雇工采取行动，抗议残酷不公的工作条件。他们发起罢工，在全国范围内组织了一场抵制运动，力劝消费者不要购买加州葡萄，除非工人的待遇有所改善。

拉丁裔对贫穷和歧视的抗争延续到了 70 年代和 80 年代。亚利桑那州的铜矿工人大多是拉丁裔；矿业公司削减工资、福利和安全保障后，他们发起了罢工。罢工的矿工遭到了州警察、催泪瓦斯和直升机的攻击，但他们坚持了 3 年。最后，政府联合企业打败了他们，给罢工画上了句号。

但是抗议也有取得胜利的时候。拉丁裔农场雇工、门卫和工厂工人通过罢工运动获得了涨薪和工作环境改善。新墨西哥州的拉丁裔为了保住生活了好几十年的土地，与房地产开发商展开对抗，并获得了成功。这时的美国已有 12% 的人口是拉丁裔，这一比例和非裔美国人不相上下。拉丁裔人口还将继续增长，并在美国音乐、艺术、语言和文化领域留下印记。

战争与反战

越南战争已于 1975 年结束。不过在 80 年代和 90 年代，它还是会偶尔重新进入公众的视野，这可能发生在有人呼吁改变对战争的看法的时候。

其中一个完全改变了对战争的看法的人就是查尔斯·赫托（Charles Hutto），他是卷入越南美莱村大屠杀中的一名士兵，在这起事件中美军射杀了上百名妇孺。赫托在回首往事时对记者说道：

> 我那时19岁，一直都是大人叫我干什么我就干什么……但是我现在要告诉我的孩子，如果政府发起征兵，那么就去吧，去效忠祖国，但要时不时地运用自己的判断力……不要轻信权威……要摸着自己的良心做事。我希望有人能在我去越南之前就告诉我这个道理。我那时还不知道。现在我觉得，根本不应该有战争这种东西……因为它会弄坏一个人的脑子。

很多美国人认为，越战是一个惨痛的悲剧，根本不应该发生。经过这次深刻的教训之后，人们不再仅仅因为权势集团想发动战争就主动去支持它了。这就是乔治·布什总统在1991年对伊拉克发动空中打击时动用了大规模军队的原因。他想速战速决，以免形成全国性的反战运动。

但是，抵抗运动和游行抗议在开战几个月前就开始了。600名学生在蒙大拿州米苏拉游行，齐声高喊反战口号。在波士顿，“退伍军人和平倡议组织”（Veterans for Peace）加入了退伍军人纪念日的庆祝游行。当他们举着“拒绝另一次越战”的标语走过时，围观群众掌声雷动。

随着布什加紧准备战争，越战老兵兼《生于七月四日》的作者罗恩·科维奇发表了演说，该演说在200个电视台播出。科维奇呼吁人们“站起来反对”战争。他说：“还需要多少个像我一样坐着轮椅回国的人，我们才能真正明白？”

战争开始的前夕，旧金山 5 000 名抗议者聚集在联邦大楼下面，手拉手围住了大楼。警察用警棍击打抗议者的双手，打散了他们围成的圈。在美国另一侧，波士顿的一个 7 岁女孩也发出了自己的声音。她写了一封信：

> 敬爱的布什总统：我不喜欢你的行为。如果你能下定决心不打仗，那么我们就不用静坐抗议了。如果你打仗的话，肯定不想自己受伤。我想说的是：我不想有任何战争。

战争打响后，媒体上充斥着报效国家的文章，大多数美国人表示自己支持战争。不过，还是有一些人勇敢地发出反战的声音。

20 世纪 60 年代，朱利安 · 邦德因为胆敢批判越战而被撤销了佐治亚州议会议员的职位。就在同一个房间里，众议院议员辛西娅 · 麦金农（Cynthia McKinnon）发表了抨击轰炸伊拉克的讲话。立法机构的很多同事拒绝听讲，就此退场，但是她坚持自己的立场不动摇。

帕特丽夏 · 比格斯（Patricia Biggs）是俄克拉何马州东中央大学的一名学生。她和另一名年轻女学生在学校门口举着标语静坐，上面写着“教和平……不要教战争”。比格斯解释说：

> 我觉得我们不应该去伊拉克。我认为这和正义自由无关，只和经济有关。大型石油公司和那边的事情有千丝万缕的联系……我们是在拿人命换钱。

战争开始 9 天后，超过 15 万人拥上华盛顿特区街头，聆听各种反战演说。来自加利福尼亚州奥克兰的一名妇女举起一面折起来的美国国旗，政府在她丈夫丧生于越南后把这面国旗交给了她。她对群众说："折起来的国旗没有什么荣耀可言，我通过艰难的方式明白了这个道理。"

伊拉克战争仅仅持续了 6 个星期。战争结束后，爱国主义热情高涨。一份民调显示，只有 17% 的受访者表示不值得为战争付出巨大代价。但是 4 个月后，认同这一观点的受访者达到了 30%。这场战争没有为布什赢得人民持久的支持。1992 年，他再度参加总统大选，但是这时对战争的狂热已经退去，他输掉了大选。

纪念哥伦布

1992 年是哥伦布抵达美洲的五百周年纪念。哥伦布和他的追随者征服并消灭了伊斯帕尼奥拉岛的土著印第安人。后来，美国政府在占领北美洲的过程中摧毁了印第安人部落。随着五百周年纪念的到来，存活下来的印第安人决意发表自己的意见。

1990 年，全美洲的印第安人在南美洲厄瓜多尔召开大会，策划抵抗纪念哥伦布征服行动的庆典活动。两年后，在五百周年纪念期间，其他美国人加入了他们，反对纪念哥伦布。

美国历史上第一次出现了这样的一个哥伦布日——在这一天，全国范围内发生了抗议，反对纪念这个人，他绑架、奴役、谋杀那些用礼物和友情迎接他的土著。举国上下尽是"反哥伦布"活动。

围绕哥伦布的争论在大学和中学里引发了一大波运动。持有传统的或主流想法的人把美国历史看作欧洲文化对荒野的教化。他们对眼下的运动感到不满，这些运动提倡采取新视角看待历史，讲述惨遭哥伦布杀害的印第安人的故事，讲述被自由拒之门外的黑人的故事，讲述为平等而奋斗的妇女的故事。但是这场新思潮他们已无力阻止。

社会意识较强的教师出版著作，为其他教师开设讲习班。他们鼓励教育者告诉学生那些被传统课本遗漏的哥伦布的事情。一个名叫丽贝卡的女学生对传统教学发表了如下看法：

> 当然，教材编写者也许认为这没什么坏处——谁发现了美洲，这真有什么要紧的吗……但是一想到自己在这个事情上一直受到了蒙骗，我就很生气，天知道还有什么其他事情瞒着我。

丽贝卡不是唯一感到生气的美国人。美国步入 90 年代时，政治体制遭到巨富阶层的把持。大公司掌握着主要媒体。全国人民被分成了巨富和赤贫阶层，夹在当中的中产阶级则惴惴不安。但抗议和反抗的文化火种得以传承。有些人拒绝放弃对一个更平等、更有人情味的社会的想象。如果说美国的未来还有希望的话，那么它就在这些人身上。

第二十三章

20 世纪末

诺贝尔和平奖每年都会颁给寻求以和平方式解决世界难题的人。1996 年，这一奖项颁给了致力和平结束东帝汶战争的两位人士，东帝汶是一个亚洲国家，正在争取从印度尼西亚独立出去。

其中一位就是若泽·拉莫斯·奥尔塔（José Ramos-Horta），在获奖之前他曾于纽约布鲁克林的一个教堂发表演说。他回忆起近 20 年前到访美国的经历：

> 1977 年夏天，我在纽约，当时我接到消息说，我 21 岁的妹妹玛丽亚在空袭中身亡。发动空袭的“野马”战机正是美国提供的……几个月后，我又收到消息，我 17 岁的弟弟盖伊和村子里的很多人都遭到贝尔直升机的攻击而死亡，这种直升机也是美国提供的。同年，我另一个兄弟努努被俘虏，处决他的武器是美国制造的 M-16 突击步枪。

若泽 · 拉莫斯 · 奥尔塔，1976 年

东帝汶在遥远的世界的另一边，美国也没有卷入那边的战争，那为什么美国武器会被用在那里杀人呢？这是因为美国为印度尼西亚提供军事援助。20 世纪末，美国已经成了世界上最大的武器出口国，但与此同时，它仍继续增强自身军备。

军费吸走了用于社会事业的资金。20 世纪中叶，出任美国总统的德怀特·艾森豪威尔深知这一点。在他最值得赞赏的一刻，艾森豪威尔说道："每一把造出的枪支，每一艘下水的军舰，每一枚发射的火箭，这些都意味着对那些衣不蔽体、食不果腹的人行窃。"

20 世纪 90 年代，在比尔·克林顿的八年任期内，美国的一些人仍然又冷又饿。美国仍然是这样一个国家：1/4 的儿童生活在贫困中，流浪汉在大城市的街道上缩成一团。这个国家的领导者没有寻求大胆的措施，以解决医疗保健、国民教育、儿童看护、员工失业、住房安置和环境保护问题。

中庸之道

1992 年，克林顿当选美国总统，开始他的第一个任期之时，他是一个年轻聪明的民主党人。他承诺为这个国家带来变革，因此他的当选一开始就被寄予厚望。1996 年连任之后他又说："我们需要为新世纪打造一个新政府。"

然而，在位八年，克林顿并未兑现自己关于改革的承诺。相反，克林顿给这个国家带来的东西与之前那些总统并无二致。

克林顿和其他从政者一样，更关心的似乎是拉票而不是推动社会变革。为了赢得选票，他决定让民主党向中间立场靠拢，换句话说就是让民主党变得更加保守，这样就和共和党相差不会太大。为此他必须为黑人、妇女和工人等民主党传统票仓付出足够的努力，让他们继续支持民主党。与此同时，他削减福利支出、加大军费支出，试图以此赢得白人保守派的选票。

克林顿在当选之前就急于展现自己在“治安问题”上的强硬立场。身为阿肯色州州长，他坐飞机回到自己的家乡，只为参加一个低智商死刑犯的行刑。

当选总统后没多久，克林顿就批准了联邦调查局对一群宗教极端分子的攻击，这些宗教极端分子把自己锁在得克萨斯州韦科的几栋楼房里，配有武器。联邦调查局等不及通过谈判的方式解决这场危机，就用步枪、坦克和催泪瓦斯发起了进攻，杀死了至少 86 名成人和儿童。*

1996 年，国会的民主党人和共和党人表决通过了“犯罪法案”†。克林顿支持这项法案，它扩大了死刑惩处的罪行范围，还提供了 80 亿美元联邦拨款，用以建造监狱。克林顿出任总统期间，所指派的联邦法官虽然持自由主义立场，但往往是温和派。他们的裁决往往和持保守主义立场的法官没什么两样。

克林顿和其他掌权的人没什么区别，不管他们是民主党人还是共和党人。他们为了让自己继续掌权，把公众的怒火转移到那些无法为自己辩护的群体身上。这些目标可能是罪犯、移民、接受救济

---

* 发生在1993年的韦科惨案。——译者注

† 当指《暴力犯罪控制及法律执行法案》（Violent Crime Control and Law Enforcement Act），1993年在参众两院获得通过，1994年由克林顿签署通过。“1996年”应为原文之误。——译者注

的人，或者是对美国怀有敌意的政府，比如，伊拉克政府或者古巴政府。政治领袖煽动人们关注潜在的威胁，从而把公众的注意力从美国体制的失败上挪开。

抉择

美国是世界上最富有的国家，虽然它的人口仅占世界人口的5%，但它消耗了全世界产品的30%。然而，只有极少数美国人才能从这个国家的巨大财富中获利。

20世纪70年代开始，美国最富有的1%的人见证了巨大的财富增长。税法改革意味着，最富有的这批人在1995年掌握的财富超过了一万亿美元，相当于全国财富的四成。1982年到1995年间，美国最富有的400个家族的资产从920亿美元涨到了4800亿美元。在此期间，生活成本的上涨速度却超过了普通劳动人民的平均工资上涨速度。1995年，工资处于平均水平的人，其购买力比1982年下降了15%。

如果你只关注美国的最富裕人口，那么你完全可以说经济正在健康发展。但与此同时，4000万人没有健康保险。美国婴幼儿因疾病和营养不良死亡的比例比其他任何工业化国家都高。工作也不总是解决问题的答案：1998年，多达1/3的劳动阶层生活在贫困线以下。在工厂、商店和餐馆工作的许多人买不起房子、负担不起医疗保健，甚至买不起足够分量的食物。

用以对抗贫困、失业和其他问题的社会事业资金，其来源可以是以下两个方面：

第一个资金来源是军费预算。一位军费支出专家指出，逐步将美国的军费预算降到每年 6000 万美元就足以满足国家需求，反正苏联已经解体、冷战已经结束。

大幅削减军费预算将意味着关停美国遍布世界的军事基地，这将意味着美国放弃战争。指导外交政策的原则将是“和平共处”这一人类基本需求。但政府没有做这个选择。军费预算还在上升。克林顿任期结束的时候，美国一年的军费开支将近 3000 亿美元。

社会事业资金的第二个来源是巨富阶层的资产。“富人税”每年可以为国库增加 1000 亿美元的收入。克林顿的确对巨富阶层和企业提高了税率，但是提升幅度很小，对国家的需求而言无异于杯水车薪。

如果削减军费预算和征收巨富税能够双管齐下，那么政府每年就可以有多达 5000 亿美元的资金用以做出巨大变革。这些资金可以用来为所有人提供医疗保健，实现全民就业。政府完全可以把合同包给非营利组织，雇佣人们建造房屋、清理水道并建设公共交通系统，而不是把合同对兵工厂双手奉上，建造轰炸机和核潜艇。

但是，一切都沿着原先的轨迹前进。城市破败不堪，农民因负债累累而被赶出土地，没有工作也没有希望的年轻人转向毒品和犯罪。政府的回应则是建造更多的监狱、关押更多的人。克林顿卸任的时候，服刑的美国人超过 200 万，这一比例高居世界第二。

展望变革

克林顿表示自己做决定的基础是美国人民的意见。但是 80 年代和 90 年代的民调显示，美国人支持全民医保。他们同时也支持有保障的工作、对穷人和无家可归者的政府援助、军费预算的削减以及征收富人税。这些大胆的举措是共和党和民主党都不愿做出的。

如果美国人民能够按照这些民调结果中反映的意见行动呢？如果人们能够组织起来要求兑现《独立宣言》的承诺，即建立一个保护所有人的生命权、自由权和追求幸福权利的政府，那将如何呢？这将意味着一个新的经济体制，它以周全、人道的方式分配财富。这将意味着一个新文化，它不再教导年轻人追求所谓“成功”，因为这不过是在掩饰贪婪之心。

克林顿在位期间，许多美国人的确发起了对政府政策的抗议。他们要求一个更加公正、和平的社会，但并没有得到媒体多少关注。即便是在华盛顿举行的“代表孩子”（Stand for the Children）集会也遭到了电视台和报纸很大程度上的无视，虽然这场集会的参与人数多达 50 万，既有成人也有儿童，各色人种都在其中。不过，争取和平、女权和种族平等的活动家并未停止他们的斗争，而且赢下了一些胜利。

劳工运动也活跃了起来。发生在马萨诸塞州哈佛大学的一场抗议行动表明，不同的群体完全可以合作达成一个目标。

哈佛大学的门卫和其他校内工人的工资不足以养家糊口。他们有些人必须做两份工作，一周的工时多达 80 小时。于是学生组织起来，要求必须付给这些工人“足以维持生计的工资”。

学生策划了集会，为他们的目标赢取支持。当地市议会议员和工会领导参与了进来，马特·达蒙和本·阿弗莱克这两位年轻的电影明星也出席表达对活动的支持：前者在进军好莱坞之前曾在哈佛上学，后者则诉说起自己的父亲以前在哈佛大学如何承担只有底薪的服务工作。

大学的行政人员拒绝与校内工人展开对话，于是学生占领了一幢行政大楼，连续数周都待在里面，外面成百上千的人对他们予以支持，全国人民都捐款资助他们。最后，大学同意提高工人工资，并为他们提供医疗保障。很快，学生和工人就开始在其他学校开展类似运动。

1999 年，华盛顿州西雅图举行了一个大型示威集会。示威者希望让美国人民和世界人民都看到，大型跨国公司如何利用权势操控普通人的生活。

世界贸易组织当时正在西雅图开会。世界各国及最有权势公司的代表都在那里聚首，制订维护自身财富和权力的计划。他们的目标是借助国际自由贸易协定让资本主义渗透到每一个角落。

抗议者表示，自由贸易协定让公司能在全球范围内寻求廉价劳动力，在环境保护法宽松的地方运营。自由贸易的事务极其复杂，但是示威者提出了一个非常简单的问题：应该牺牲全世界普通人的健康和自由，让公司赚取利润吗？

成千上万的示威者高举标语、发起游行、发表演讲。他们中有工会运动者、女权活动者、农民、环境保护者、消费者、宗教组织成员等。虽然媒体聚焦于少数破窗惹事的示威者身上，但绝大多数示威者采取的都是非暴力的方式。

上百人遭到关押，但抗议并未停止。关于他们的新闻在世界范围内得到播报。世贸组织终止了大会，这说明人民组织起来完全可以对抗世界上最强大的企业。为工会报纸撰文的迈克·布兰南

（Mike Brannan）准确地刻画了抗议者的情绪：

> 人们唱歌、呼喊、播放音乐，勇敢反抗警察和世贸组织，那种团结正是我们所有人梦寐以求的东西。这一天，这些道路属于这些人，这对我们来说是经验，对企业化美国来说是教训。

此后，权势集团在哪里召开会议，哪里就有示威活动。诸如世界银行和国际货币基金组织等大型国际组织无法继续无视这些运动。他们开始谈论对环境保护、对工作条件的关切。这会带来真正的变革吗？现在下结论为时尚早，但至少抗议的声音已被听到。

第二十四章

反恐战争

“我觉得他们并不关心我们这些人。”这个女人说道。她是加油站的女收银员，她的丈夫在建筑工地上干活。她补充说：“要是他们也住在只有两个卧室的拖车里，也许就会不一样吧。”

她说的是谁呢？“他们”正是2000年的两位总统候选人。共和党总统候选人是乔治·W. 布什，他是比尔·克林顿之前那位总统的儿子，共和党总统候选人则是阿尔·戈尔，他此前担任了8年的副总统。

认为这两位候选人并不会真正关心自己的并不只有女收银员一个人，很多人都这么想。一位打理麦当劳门店的非裔妇女的工资只能勉强超过最低工资水平，她说：“我完全没把这两个人放在心上，我朋友也和我一样。我的生活不会改变的。”

2000年选举日当天，全国几乎一半选民没有参加投票。很多人都觉得这两位候选人没什么本质区别。他们无从知道，当上总统的候选人很快就必须处理一场全国性危机——一场针对美国的恐怖袭击，而它将带来新一轮战争。

势均力敌的选举

共和党总统候选人布什因其与石油行业的亲密关系而知名。但是，两位候选人背后都有大公司的支持，此外，他们在其他很多方面也有着共同点。

两位候选人都支持一个强大的军方，并支持继续使用地雷（而世界上其他国家都已经禁止了这种爆炸装置，因为即便战斗结束多年后，它也还会造成平民死伤）。两人也都支持死刑和监狱建设。两人都不打算打造免费的全国医保制度，也不打算大力支持低价住房和环境保护。

还有第三位候选人：拉尔夫·纳德。他因为批判大型公司控制美国经济命脉而举国闻名。纳德对美国的展望集中于医疗保健、教育和环境。但是，他被全美电视直播的总统候选人辩论拒之门外。由于缺乏大公司的支持，纳德只能从信任他政治蓝图的人们那里筹募捐款。

选举日当天的情况表明，这是美国历史上最奇怪的一次选举。戈尔得票比布什多出几十万张。但是根据美国宪法，总统并非由人民直接选出，即并非依赖普选票，而是根据选举人票。每个州都有一定数量的选举人，而选举人的投票决定谁将成为总统。

美国历史上曾两度发生普选票得票高者没有当选总统，分别在

1876 年和 1888 年。这是因为，选举人票并不等于普选票。比如说，如果一个州 45% 的选民投给候选人甲，而有 55% 的选民投给候选人乙，那么选举人票并不是按比例分配给两位候选人，而是由候选人乙悉数收走。

这就是佛罗里达州发生的事情的原委，也正是围绕 2000 年总统大选的激烈争论的源头。在全国范围内，戈尔和布什的选举人票相当接近。最后，佛罗里达州的选举人票将决定选举结果。

但是尚不清楚，在佛罗里达州获得多数选票的究竟是戈尔还是布什。还有很多选票尚未清点，尤其是黑人选民集中居住的选区。此外，有些选票由于技术原因被宣判无效，因为投票机在选票上打下的印记难以辨认。

简单来说，佛罗里达州的普选结果疑云重重。佛罗里达州的选举人票在两个人中间摇摆不定，总统宝座同样如此。但是，身为共和党总统候选人的布什有一个优势，他的弟弟是佛罗里达州州长，而佛罗里达州政府的秘书长凯瑟琳·哈里斯（Katherine Harris）也是共和党人。凯瑟琳的职位赋予了她核证选举得胜方的权力。她很快地重新清点了一部分选票，然后宣布布什赢得了佛罗里达州的选举人票。这让布什成为新总统。

民主党向佛罗里达州最高法院提起上诉。由民主党把控的州最高法院命令哈里斯在完成对普选票的清点之前不得核证得胜方。哈里斯设下了清点选票的截止日期；到了那天，虽然仍有上千张选票存在争议，但她还是宣布布什以 537 票的优势获胜。

戈尔准备对她的决定提出异议。他希望能按照佛罗里达州最高法院的命令，继续清点选票。共和党为了阻止这种情况发生，把案子递交给了美国最高法院。

最高法院有四名法官认为佛罗里达州的清点工作应当继续。他们表示，美国最高法院无权干涉佛罗里达州最高法院对本州选举法的解释。但是另外五名法官推翻了佛罗里达州最高法院的裁定，叫停了选票清点。最终，美国最高法院的裁定支持了哈里斯的核证，布什拿到了佛罗里达州的选举人票。

约翰·保罗·史蒂文斯（John Paul Stevens）是投票反对干涉佛罗里达州裁定的自由派法官之一。他总结了最高法院的裁定，语气中不无挖苦之意：

> 虽然我们也许无法确切得知今年总统大选的胜者身份，但失败者的身份再明显不过了。那就是这个国家对法官身为法治的公正护卫者的信心。

恐怖袭击与回应

布什上任九个月后，2001 年 9 月 11 日，一起可怕的事件让其他所有问题都变得无足轻重。劫机者控制着三架满油量的飞机，撞向了纽约市世贸中心大厦的双子塔，以及华盛顿特区的五角大楼。

全美人民都眼看着坍塌的大楼化为一片钢筋混凝土的炼狱，无不觉得毛骨悚然。在大楼里工作的上千人被掩埋在废墟中。前往救援的上百名消防队员和警察同样遭此厄运。

针对象征着美国财富和力量的大楼发动此次袭击的 19 人均来

“9·11”恐怖袭击后世贸中心倒塌现场的一小部分，纽约市，2001 年

自中东地区，大多数来自沙特阿拉伯。他们朝这个被他们视作敌人的超级大国发动毁灭式打击，因此丧命也在所不辞。

布什总统立刻宣布发动“反恐战争”。国会未经美国宪法所要求的正式宣战，就迅速给予总统采取军事行动的权力。只有一位国会议员表达了异议，她就是加利福尼亚州的非裔议员芭芭拉·李（Barbara Lee）*。

政府相信，此次袭击是由奥萨马·本·拉登下令发动的。本·拉登是沙特阿拉伯人，奉行极端宗教信仰。他被认为躲藏在阿富汗境内，因此布什下令对阿富汗发动空袭。

总统下令对奥萨马·本·拉登格杀勿论，捣毁他统领的“基地”组织。但经过五个月的轰炸后，本·拉登仍然在逃。布什只好向国会承认“成千上万经过训练的恐怖分子仍然在逃”且遍布“多个国家”。

布什和他的智囊团应该知道，无法用武力击败恐怖主义。多个国家、多个年代发生的事件证明，用军事行动回应恐怖主义行动，结果就是更多的恐怖主义。

美国的轰炸对阿富汗是毁灭性的，这个国家在 1979 年时就已遭到苏联侵略，之后又经历了内战。虽然五角大楼宣称，美国仅针对军事目标展开轰炸，但是人权组织和媒体报道称，至少有 1000 名平民死亡。然而，主流媒体和电视台并未向美国人民全面描绘阿富汗人民的苦难。相反，媒体都在煽动报复心态。

国会通过了《爱国者法案》，这项法案让司法部能够单纯出于

---

* 芭芭拉·李维·柏克瑟（Barbara Levy Boxer）。——译者注

怀疑就扣押外国人，既不用对他们提起罪名起诉，也不用为他们提供宪法所保障的保护。

虽然布什总统提醒美国人，不要把愤怒发泄到阿拉伯裔美国人身上，但是政府自己却把人们捉起来盘问。他们大多数人是穆斯林，超过 1000 人遭到逮捕却没有被起诉。

在战争时期的氛围下，人们很难批判政府行为。一位退休的电话工人在保健俱乐部里发表了批评布什总统的言论，后来他遭到了联邦调查局的盘问。一名年轻妇女发现门外有两名联邦调查局探员，他们说接到了报告，称她家里墙上挂着批评总统的海报。

即便如此，还是有一些人大胆反对战争。在全国举行的和平集会上，他们高举标牌，上面写着“我们悲恸，但不渴望复仇”和“要正义，不要战争”等字样。

“9·11”事件遇害者的家属写信给总统，敦促他不要以暴制暴，也不要轰炸阿富汗人民。安伯·阿蒙森（Amber Amundsen）的丈夫是陆军特种技术人员，死于对五角大楼的袭击。她写道：

> 包括国家领导人在内的一些美国人发表了情绪激动的演说，这些演说我都听过了。他们建议发动强力的报复和惩戒行动，但对这些领导人我想说清楚：我和我的家人完全没有因为你们愤怒的言辞而感到宽慰。如果你决定继续对其他无辜的人实施暴力，从而回击这起令人难以理解的暴行，那么你就不要用我丈夫的名义。

“9·11”事件一些受害者的家人还专程前往阿富汗，与那些在美国轰炸中痛失亲人与爱人的人相会。其中一位美国人叫丽塔·拉萨尔（Rita Lasar），她的兄弟死于袭击。拉萨尔表示她将在余生致力促进和平。

空袭的批评者认为，恐怖主义源于对美国根深蒂固的不满，而终结恐怖主义的方法就在于回应这些不满。

伊斯兰世界部分不满情绪显而易见。10年以来，美国一直阻止伊拉克与其他国家通商贸易，这一举措本是政治行为，但根据联合国报告，它导致食品和药物无法流入伊拉克国内，致使无数儿童死亡。此外，美国还支持以色列占领巴勒斯坦穆斯林宣称其所有的土地。

美国要改变在这些问题上的立场，就必须撤回分布在全世界的军队。美国必须放弃对其他国家在政治和经济上的影响力。总之，美国必须不再继续做超级大国，这可是两个政党的军工利益集团所无法接受的事情。

在2001年9月11日的三年前，一位名叫罗伯特·鲍曼（Robert Bowman）的退伍空军军官就已经针对美国在非洲大使馆遭遇恐怖袭击做出了评论。他是这样描述恐怖主义的根源的：

> 我们遭到憎恶，并非因为我们践行民主、重视自由和维护人权。我们之所以遭到憎恶，是因为我们的政府拒绝让这些国家的人民获得上述东西，而我们的跨国公司却在垂涎第三世界国家的资源。我们播下的这份憎恶反过来又披上恐怖主义的外衣与我们纠缠不清……我们不应该把我们的子女送到全世界去猎杀阿拉伯人，从而获得他们沙漠地下的石油；我们应该把子女送去重建他们的基础设施、供应净水、喂养挨饿的孩子……

总之，我们应当做好事，不应该做坏事。谁会想阻止我们？又有谁会憎恶我们？又有谁会想轰炸我们？这就是美国人民需要听到的真相。

“9·11”袭击过后，和鲍曼言论相似的声音大多被美国媒体拒之门外。但是，一旦美国人民看到，以暴制暴无法解决恐怖主义问题，那么这些极具说服力的信息就有可能在民众中传播开来。

第二十五章

伊拉克战争及国内矛盾

经历了恐怖分子在 2011 年 9 月 11 日对纽约市和华盛顿特区的袭击后，美国就以“反恐战争”为己任。很快，这一使命就让美国军队加入在中东国家伊拉克发生的战争。随着国内反战声四起，乔治 ·W. 布什总统的政府也陷入了其他麻烦。一场飓风造成惨重伤亡，让世界人民质疑美国政府对保障社会公正的用心程度，而移民问题上的争论又让人们追问身为美国人的内涵。在 2006 年举行的一场选举中，美国选民表示，他们已经做好改革的准备。

美国入侵后的阿富汗

美军轰炸并入侵阿富汗，但既没有抓到奥萨马 · 本 · 拉登，也没能摧毁基地组织。然而，军事行动造成了成千上万的阿富汗平民死亡，令不计其数的阿富汗人背井离乡。

美国领导人为战争的伤亡辩解，表示行动推翻了塔利班政权。

塔利班是一个极端宗教组织，此前在阿富汗实施铁腕政治。塔利班失势后，北方联盟上台，它的过去可算不上清白。20 世纪 90 年代中期，北方联盟对阿富汗首都喀布尔和其他一些城市的人民犯下了诸多暴行。

在 2002 年的国会联席会议上，布什表示，推翻塔利班意味着阿富汗“妇女得到了解放”。但根据一个阿富汗女权组织的说法，这个说法不实。美国入侵阿富汗两年后，《纽约时报》对阿富汗现状给出了消极评估：妇女并未获得自由，强盗猖獗，军阀控制大片区域，塔利班有卷土重来之势。

开战 16 个月后，在阿富汗农村进行医疗援助的一个苏格兰人对眼前所见感到苦恼。他写道：“这个国家处境糟糕……这里是地雷覆盖率最高的国家之一……1/4 的儿童五岁前就已夭折。”他悲痛地得出了一个结论：“当然，从理论上来说，我们在 21 世纪初应该已经进化到这样一个程度，即无论出于什么理由都会避免让一个国家或民族灰飞烟灭。”但是到了 2006 年 8 月，空袭行动仍在造成阿富汗平民死亡，《纽约时报》则指出阿富汗存在普遍的“腐败、暴力和贫穷”。

对阿富汗人的攻击既没有带来民主或安全，也没有削弱恐怖主义势力。要说它有什么影响的话，那就是美国实施的暴力激怒了中东人民，带来了更多的恐怖分子。

大规模杀伤性武器?

虽然阿富汗仍处于动乱之中，但布什政府已在准备对伊拉克开战。反恐协调员理查德·克拉克后来表示，“9·11”事件刚一结束，白宫就在寻找进攻伊拉克的借口，即便没有证据将伊拉克与恐怖袭击联系到一起。

布什和他身边的政府官员想让美国民众认为，伊拉克和独裁者萨达姆·侯赛因威胁着美国和整个世界。他们指责伊拉克藏匿了“大规模杀伤性武器”，还计划建造原子弹。

联合国派出一支队伍，在伊拉克全境内进行了上百次调查。他们并未发现任何大规模杀伤性武器，也没有证据显示伊拉克正在开发原子弹。但是，副总统理查德·切尼坚称这样的武器的确存在。国务卿康多莉扎·赖斯则威胁将会出现“蘑菇云”，正如原子弹在日本广岛引发的那样。布什政府还指责萨达姆残暴和违法的行为，比如使用化学武器屠杀5000名库尔德族人。但是，这起事件发生在1988年，而当时的美国可没怎么抗议。那时，美国正和伊拉克处于对抗伊朗的同一战线上。

之所以在2002年制造对伊拉克开战的声势，真正原因究竟是什么？也许理由就埋在地下。伊拉克有着世界第二的石油储量，仅次于沙特阿拉伯。自1945年第二次世界大战结束后，美国就决意控制中东石油。石油影响了美国在中东地区的决策，无论执政的是民主党还是共和党。自由派民主党人吉米·卡特在出任总统期间提出了“卡特主义”；在这一概念指导下，美国有权“采取包括军事行动在内的任何必要手段”，捍卫其在中东的石油利益。

2002年9月，布什政府宣布将在没有其他国家的支援下独自对伊拉克采取军事行动。这违反了《联合国宪章》，它规定军事行动只能用于自卫目的，且必须获得联合国安理会的许可。然而，美国准备对伊拉克开战。全世界都爆发了抗议行动。2003年2月15日，全球有1000万到1500万人同时抗议即将爆发的战争。

伊拉克战争打响

美国政府不顾抗议，于2003年3月20日大举进攻伊拉克。所谓的“伊拉克自由行动”在伊拉克上空投下上千枚炸弹，超过10万名士兵被送进这个国家。上千名美军士兵阵亡，上万名伊拉克人死亡，包括很多平民在内。

三周后，美军占领了伊拉克首都巴格达。六周后，美军宣布主要的军事行动结束。布什总统得意扬扬地站在美国航空母舰上一条“任务完成”的巨大横幅前面。

但是，控制伊拉克的任务远未完成。伊拉克叛军攻击美国军队，暴力进一步升级。2003年12月对萨达姆·侯赛因的俘虏并未使这些进攻停止。

伊拉克人越来越反感美国人对祖国的占领。美国部队围捕有叛军身份嫌疑的伊拉克人，导致上万名伊拉克人入狱。显示美军士兵拷打伊拉克犯人的照片流出后，又有证据显示这种行为得到了美国国防部的首肯。这一切都令伊拉克人对美国的敌意愈演愈烈。民调显示，绝大多数伊拉克人希望美军撤出伊拉克。

布什政府拒绝考虑撤出伊拉克。与此同时，美军方面的伤亡人数在攀升。到 2006 年年中，超过 2500 名美国军人阵亡。上万人受伤，而且往往是重伤。政府竭尽全力不让公众看到阵亡将士的棺材，还避免让残疾的退伍军人进入公众视线。

虽然美军方面伤亡惨重，但伊拉克方面的死伤有过之而无不及。到 2006 年年中，已有数十万伊拉克人死亡。这个国家一片狼藉：人们缺乏净水和电力，在暴力和混乱之中苟延残喘。

开战之时，大多数美国人接受了布什政府关于萨达姆·侯赛因拥有“大规模杀伤性武器”的说法，而入侵伊拉克也属于“反恐战争”。主流媒体并未质疑这一点，民主党也大多支持战争。

但是随着战局深入，情形明朗了起来。“伊拉克自由行动”既没有为伊拉克带来自由，也没有带来民主和安全。美国政府欺骗了美国人民，“大规模杀伤性武器”根本不存在。政府宣称“9·11”事件与伊拉克有关，但没有证据支持。政府还支持在伊拉克、在美国对成千上万的人严刑拷打，未经审判程序就采用监禁。

政府同时也在利用战争的口实违反美国宪法所规定的权利。根据《爱国者法案》，美国可以抓捕在阿富汗或其他地方的人，控告他们涉及恐怖主义。政府不把他们当作享有国际法规定权利的战争俘虏对待，而是给他们贴上了一个新标签：“非法敌军战斗人员”（unlawful enemy combatants）。这些人被关在古巴的关塔那摩监狱。关于犯人在该监狱中遭到拷打的流言传播开来，有些犯人则自杀身亡。

2006 年秋，美国国会通过法案，允许中央情报局继续在世界各处的秘密监狱中对恐怖分子犯罪嫌疑人严刑审问。该法案还废除了“非法敌军战斗人员”的人身自由权，即便是美国公民也不例外。美国宪法的权利法案所保障的这一权利的丧失，意味着犯人将失去在法庭上质疑逮捕的机会。

反战运动

反对伊拉克战争的抗议行动席卷全美。这些抗议行动的规模虽然不及越战时期的大型反战示威，但它们表明布什政府的政策正在失去支持。

辛迪·希恩的儿子凯西死于伊拉克，她发出了对战争的有力抗议。当她驻扎于布什在得克萨斯州克劳福德的牧场附近时，她获得了来自全国的支持。在“退伍军人和平倡议组织”达拉斯集会上的一次讲演中，希恩向布什总统发话说：“你把真相告诉我。你快承认我儿子是因为石油丧命的。”

随着伊拉克战争的继续，参军的年轻人开始重新考虑为国效力这件事。伊利诺伊州的迪德拉·科布（Diedra Cobb）自称是良心拒服兵役者（conscientious objector），这些人的道德信仰使他们无法参战。科布写道：“我之所以入伍，是因为我认为自己在维护这个世界上最伟大、最强大的国家的最宏伟的理想……这场屠杀最后总会带来一些什么好事的。但我就是在这里弄错了，因为战争永不停息。”

根据 CBS 新闻的报道，伊拉克战争从开始到 2004 年结束，其间共有 5500 名士兵开小差。很多人去了加拿大，其中一名原是海军陆战队的上士。他在多伦多一场听证会上做证，称他和战友杀死了 30 多名手无寸铁的成人和儿童，其中包括一个从汽车中走出、双手

反战活动家辛迪·希恩在旧金山举行的反战集会上演讲，2007 年

举起的伊拉克年轻人。

英国报纸《独立报》针对美军逃兵展开报道。报道说："凯文·本德曼（Kevin Benderman）中士无法摆脱他脑海中的那些景象——村庄遭到轰炸、人们绝望无助、野狗啃食丢进尸坑的尸体。令他印象最为深刻的莫过于一个伊拉克小女孩，八九岁的模样，她的一只胳膊严重烧伤、起了水泡，惨叫声令中士难以忘怀。"

让美国年轻人入伍变得越来越难，于是军方加大了对征兵工作的投入。征兵人员将目标锁定为青少年。他们前往高中，接近橄榄球赛上和学校咖啡厅里的学生。反战组织接受挑战，前往学校告诉年轻人伊拉克战争的另一面。

2006 年，民调显示大多数美国人反对伊拉克战争，对布什总统缺乏信心。有些记者开始勇敢发声，即便是那些原本支持政府或保持沉默的媒体也是如此。在 5 月 30 号阵亡将士纪念日当天，安迪·鲁尼（Andy Rooney）告诉电视节目《60 分钟》的观众，说他是"二战"退伍军人。然后他说道："我们说'献身'，但他们并不是献身。他们的生命是被夺走的……我希望阵亡将士纪念日不再纪念那些在战争中死去的人，而是设法拯救年轻人，要是我们找不到办法——也许是什么新宗教吧——把战争从生活中除掉，那么这些年轻人就会在将来性命不保。"

犹他州盐湖城一般被认为是保守主义盛行的地方，理应支持政府在伊拉克的战争。但是当盐湖城市长洛基·安德森把布什总统称为一个"为人狡诈、鼓吹战争、无视人权的总统"时，成千上万的群众爆发出了欢呼声。安德森表示，布什的任期将"是我们国家经历过的最糟糕的总统任期"。

两场风暴

布什政府尽力维持国内狂热的民族主义情绪，这种“我们对抗他们”的情绪能够激起公众对伊拉克战争和其他政府政策的支持。狂热民族主义情绪的一个后果就是对上百万移民的不满，尤其是未获得合法身份而进入美国的墨西哥人。这些移民被认为抢了美国人的饭碗，即便有许多研究表明他们非但没有伤害经济，而且对其有促进作用。

国会通过了沿加利福尼亚州和亚利桑那州南侧边境建造长约 1200 公里围墙的提案。围墙被认为用来阻挡那些想要摆脱祖国贫困生活的墨西哥人。美国政府没有意识到其中的讽刺之处：通过建造围墙以阻止贫穷的墨西哥人进入的这块土地，恰恰是美国在 19 世纪 40 年代从墨西哥手中夺走的土地。

2005 年春，国会就惩罚非法滞留美国的人开展法律层面的讨论。全国爆发了大规模示威行动，加利福尼亚州和西南部的抗议尤为热烈，数十万民众要求移民享有同等权利。抗议者既包括移民，也包括支持移民的美国人。他们的其中一条标语是“没有人是非法的”。

布什政府在国内面临着对伊拉克战争日益不满的情绪和对移民政策日益激烈的批评。这时，一场自然灾害发生了。2005 年 8 月，卡特里娜飓风袭击了墨西哥湾沿岸的密西西比州和路易斯安那州。为新奥尔良市抵御密西西比河洪水的防洪堤崩塌，在风暴和洪水的联合攻势下，这座城市的大部满目疮痍，成千上万人非死即伤，数十万人无家可归。

然而，联邦政府在救援受灾城市的幸存者时行事拖拉、效率低下，令美国人和全世界人民都大跌眼镜。“全世界人民都无法相信自己看到的东西，”《华盛顿邮报》一篇文章中写道，“从阿根廷到津巴布韦*，人们都被首页刊登的照片震惊了，这些照片呈现了新奥尔良不幸的死者与绝望的幸存者，他们几乎全是穷苦黑人，这让人们不禁对美国国力产生了怀疑。他们问道，在这样一个其财富与实力对许多挣扎在生存边缘的地区而言堪比超自然现象的国家里，怎么会发生这样的事情……国际上有不少反应都由最初的震惊、同情与慷慨转变为对布什政府应对卡特里娜飓风不力的猛烈批判。”

卡特里娜飓风带来的影响也提醒人们，亚洲、非洲甚至美国的千百万民众正因营养不良和各种疾病面临死亡，自然灾害在全世界肆虐，让生命付出了巨大代价，可与此同时，美国政府却将巨大的财富倾注到战争、投入对帝国的打造中去。

2006 年 11 月，美国进行参众两院的议员选举。选民的脑海中考虑着许多事情。其中一项最重要的一定是灾难性的伊拉克战争，以及它对国家财力的消耗。

选票清点结束后，民主党凭着微小优势从共和党手中夺取了两院的多数席位。虽然这并不意味着美国民众对民主党怀有热情，但这的确说明，他们对身为共和党人的乔治·W. 布什总统的政府表示了拒绝。选民从总统所属党派手中拿走了治理权，为从政者提供了一个机会，领导这个国家朝新方向进发。在美国的近年历史上，这是难得的民主的一刻。

---

* 两国国名分别以字母A及字母Z开头，因此有“世界上全部国家”之意。——译者注

第二十六章

“睡醒的群狮”

经常有人问我怎么会写这本书。一个原因在于，教了20年历史和政治学之后，我想写一本不一样的历史书——和我在学校用来上课的、全国学生用来学习的不一样的历史书。

那时我已经知道，纯粹的事实是不存在的。隐藏在教书人或者写书人呈现给世界的每个事实背后都是个人看法。这个个人看法说：“这一个事实是重要的，而我没有提到的其他事实是不重要的。”我认为遭到大多数历史书遗漏的一些东西是重要的。

《独立宣言》开头写道，“我们人民”写下这份文件。但是《独立宣言》的作者其实是55名享有特权的白人男性。他们属于一个需要强力政府来保障自身利益的阶层。政府一直都被用来满足权势阶层的需求，到现在也未曾改变。这一事实遭到了话语的遮蔽，它声称我们所有人——富人、穷人和中产阶级——都想要同样的东西。

种族则是另一个问题。我刚开始研究历史的时候，尚未意识到对非白人的无视给历史教学和历史书写造成了多么严重的扭曲。是啊，印第安人原本在那里，后来消失不见。黑人做奴隶的时候人们看得到，解放后就隐形了。历史是白人的历史。即便提到了对印第安人和黑人的屠杀，也不会得到多大关注。

其他的主题和问题也遭到了主流历史叙事的忽略。穷人的苦难并未得到多少关注。虽然发生了不少战争，但是历史书没有告诉我们，领袖下了开战的决定后，各方有多少成人和儿童受伤甚至死亡。加利福尼亚州和西南部拉丁裔为正义展开的斗争往往受到忽略。争取自身权利的男同性恋和女同性恋群体提出的诉求，以及他们为民族文化带来的改变也同样遭到忽略。

这本书的标题并不十分准确。“人民的历史”* 这一措辞所承诺的无法借一己之力呈现，它恰恰是最难重现的一种历史。但我仍然起了这个名字，因为这样的叫法虽然存在种种局限，但它毕竟是对政府不以为然、对人民反抗运动毕恭毕敬的一份历史。

大多数历史书认为，在危机重重的年代，我们必须期盼一些人来拯救我们。在独立战争中的危急时刻，是开国元勋拯救了我们；内战期间，是林肯拯救了我们；大萧条期间，是富兰克林·D. 罗斯福拯救了我们。我们的作用不过是每四年进一次投票间而已。但是美国人民时不时地拒绝救世主的想法。他们体会到自身的力量，发起反抗。

迄今为止，他们的反抗仍遭到遏制。权势集团——由商业领袖、军事将领和从政者组成的群体——总能利用一个号称代表全体人民

* 指原书名A Young People's History of the United States.——编者注

的政府，维持民族团结的假象。但在有些年代，看似无能为力的人民能够奋起反抗，看似心满意足的人民要求进行改革，这些事实却是权势集团希望美国人民忘记的。黑人、妇女、印第安人、年轻人和劳动人民，他们所有人都找到了发声的途径、带来了改变。

大多数历史书很少谈及反抗运动。他们关注领袖的作为，而不是普通民众的行为。然而，保留人民反抗的记忆的历史表明，还存在其他的力量。

想象一下，美国人民为寻求重大变革而首次在运动中团结起来。想象一下，大公司、军方和为他们的利益服务的从政者手中的社会权力被夺走。

为了效率与公正，我们需要重建经济。我们将从社区、城市和职场开始行动，不再有人失业。社会将因为目前尚未得到利用的巨大能量、技能和天分而受益。食物、住宅、医保、教育和交通，这些基本资源人人都将获得。

最大的困难在于，如何通过合作而非奖惩体制带来所有这些改变。过去的社会运动已经隐晦表明，如果人们为打造全新的社会而通力合作，那么他们将会如何行动。决策将由平起平坐的一部分人做出。也许最终将形成一个多样化、无暴力的新文化。合作与自由的价值观将塑造人们彼此之间的关系，影响对孩子的教育。

以上这些内容都带着我们远离历史，进入想象的王国。但它并非完全脱离历史。这些可能性已在过去隐约显现，比如，在劳工运动中，在自由乘车者那里，在20世纪60年代到70年代的文化变革中。

有两股力量正在奔向未来。其中一股力量穿着华丽的制服。这是“官方的”历史，它包含着暴力、战争和对非主流群体的偏见，由少数人掌控地球上的财富，使骗子和谋杀犯掌握政治大权。

另一股力量虽不强大，但卓尔不群。它是“人民的”历史，是抵抗的历史，包含着对军事机器的不服从、对种族主义的抗议、对多元文化主义的提倡以及对无休止战争与日俱增的怒火。

哪股力量将赢得未来？这场竞赛我们可以选择加入，或者默默旁观。但是我们需要知道，我们的抉择将影响结果。

20 世纪初，纽约市的纺织女工从诗人雪莱那里得到了对自身抵抗运动的激励：

> 像睡醒的群狮一样站起来吧，
> 你们的人数多得不可征服；
> 快摆脱你们的锁链，
> 像抖掉沉睡时落在身上的霜露：
> 你们是多数，他们是少数。*

* 译文来自《雪莱诗选》，江枫译，湖南人民出版社，1980 年 10 月第 1 版。——译者注

图书在版编目（CIP）数据

美国人民五百年/（美）霍华德·津恩（Howard Zinn）著；
赵逸奔译.-- 北京: 中国工人出版社，2020.4
书名原文:
A Young People's History of the United States: Columbus to the War on Terror
ISBN 978-7-5008-7402-7

Ⅰ.①美… Ⅱ.①霍… ②赵… Ⅲ.①美国—历史—青年读物 Ⅳ.①K712.09

中国版本图书馆CIP数据核字(2020)第061087号

著作权合同登记号：图字：01-2020-2577
A YOUNG PEOPLE'S HISTORY OF THE UNITED STATES: COLUMBUS TO THE WAR ON TERROR By HOWARD ZINN, ADAPTED BY REBECCA STEFOFF

美国人民五百年

出 版 人	王娇萍
责任编辑	董 虹
责任印制	黄 丽
出版发行	中国工人出版社
地 址	北京市东城区鼓楼外大街45号 邮编：100120
网 址	http://www.wp-china.com
电 话	（010）62005043（总编室） （010）62005039（印制管理中心） （010）62004005（万川文化项目组）
发行热线	（010）62005996 82029051
经 销	各地书店
印 刷	北京盛通印刷股份有限公司
开 本	880毫米×1230毫米 1/32
印 张	9
字 数	200千字
版 次	2020年9月第1版 2021年9月第2次印刷
定 价	58.00元

本书如有破损、缺页、装订错误，请与本社印制管理中心联系更换